Interpreta tus sueños

Y. Soliah

Interpreta tus sueños

Si usted desea que le mantengamos informado de nuestras publicaciones, sólo tiene que remitirnos su nombre y dirección, indicando qué temas le interesan, y gustosamente complaceremos su petición.

Ediciones Robinbook
información bibliográfica
C/. Industria 11 (Pol. Ind. Buvisa)
08329 – Teià (Barcelona)
e-mail: info@robinbook.com

www.robinbook.com

Título original: *Interpreta tus sueños*.

Diseño cubierta: Regina Richling.
Fotografía cubierta: Steve Dininno/Illustration Stock.
Compaginación: MC producció editorial.
ISBN: 84-7927-635-5.
Depósito legal: B-98-2003.
Impreso por Limpergraf, Mogoda, 29-31 (Can Salvatella),
08210 Barberà del Vallès.

Impreso en España - *Printed in Spain*

INTRODUCCIÓN

No existe nadie que en un momento u otro de su vida no se haya sentido intrigado por un sueño que le ha afectado profundamente y cuyo significado desearía esclarecer.

Y esto ocurre desde que el hombre es hombre, pues ya en la más remota antigüedad, sacerdotes egipcios, griegos y romanos interpretaban los sueños e indicaban a reyes, ciudadanos y esclavos sobre cómo debían sacar provecho de sus sueños, considerando especialmente valiosos los que se tenían durante el reposo en los templos, bajo el auspicio de los dioses.

También en la Biblia se atribuye importancia a los sueños, desde la escalera de Jacob y las vacas del faraón al anuncio del nacimiento de Jesucristo, por citar sólo algunos.

Entre los romanos y durante siglos, Artemidoro fue considerado la máxima autoridad, y los dividía en los influidos por el pasado y el presente, que consideraba sin valor, y los premonitorios, que tanto podían ser directos o precisar de una interpretación.

En la Edad Media existe una pugna interminable entre quienes afirmaban que los sueños eran obra de Satán y nuestros demonios internos y quienes les otorgaban plena credibilidad.

Luego, entre la edad moderna, el auge del materialismo hace que se considere la creencia en los sueños como una muestra de credulidad e ignorancia, y no es hasta que Freud y sus discípulos crean el psicoanálisis cuando vuelve a considerarse la importancia de los sueños para el conocimiento del Yo interior, afirmando que son un intercambio de mensajes entre consciente e inconsciente.

Sin embargo el gran público tiene mayor interés por lo que pueda existir de premonitorio en los sueños y cada vez es mayor la cantidad de personas que están convencidas de haber tenido algún sueño de este carácter.

Pero tanto si los sueños contienen verdaderas premociones como si se limitan a reflejar estados de conciencia y problemas psíquicos todavía latentes, o con su aparente amoralidad y realismo nos ponen frente a una cruda realidad, nadie duda actualmente del valor y la importancia de escuchar los consejos que nos llegan del mundo onírico.

Presento este libro en forma de diccionario para facilitar la interpretación de los sueños; pues cuando un sueño nos impresiona profundamente, es que con toda seguridad contiene un mensaje que no podemos desoír. Para ello, al recordarlo, es aconsejable hacer una lista de las palabras, sentimientos, cosas y personajes que lo conforman, y uniendo sus significados simbólicos tal y como aquí se citan, se verá que forman un relato, más o menos novelesco, cuyo mensaje resulta esclarecedor.

abandono *Si nos abandonan*, anuncia dificultades en un próximo futuro, de acuerdo con qué o con quién nos abandona.
Si es el padre, es que nos falta voluntad para seguir adelante.
Si es la madre, serán dificultades materiales.
Si abandonamos algo, nos indicará que es lo que debemos eliminar o cambiar en nuestra vida.

abanico Es símbolo de la frivolidad de quien lo maneja.

abejas *Su miel* indica provecho gracias a la constancia en el trabajo.
Si nos pican existe peligro de maledicencia.
Si están muertas, aconsejan prudencia pues existe peligro de ruina o desgracia.

abismo El abismo es un lugar de soledad, desesperación e incluso muerte; por ello soñarnos al borde de un abismo es que algo se está derrumbando en nuestra vida; inexorablemente si nos hundimos en él; si logramos salir es que existen posibilidades de salvación. *Si sólo lo vemos*, estamos a tiempo de evitar lo peor.

abordaje *Si somos abordados* nos presagia cambios profundos no deseados.
Si somos nosotros quienes abordamos es que deseamos emprender algo importante. Pero en ambos casos el resultado es el que ocurre en el abordaje.

aborto *Si lo sueña una mujer*, es que está pensando emprender algo que puede hacerla desgraciada.
Si es un hombre es que sus proyectos amenazan ruina.

abrazos Según la emoción que nos produzcan dependerá que presagien la partida de un amigo, o que nos advierta que no nos fiemos de quien nos agasaja.

abrigo Si es un abrigo nuevo, es que económica, social o psicológicamente estamos a cubierto de todo peligro.
Si está roto o apedazado, debemos vigilar pues estamos desprotegidos.

Si nos cubre totalmente, incluido el rostro, indica que intentamos esconder nuestras verdaderas intenciones bajo una falsa apariencia.

absceso Indica problemas emocionales, cuya gravedad depende de su tamaño y estado de madurez.

acantilado *Verlo*. Se avecinan dificultades de acuerdo con lo próximo o lejano que lo veamos y lo escarpado que sea.
Escalarlo. Superaremos dicha dificultades.

accidente Puede ser premonitorio, y aconseja mucha prudencia en los próximos días.

aceite *Verlo o tocarlo* augura éxito y prosperidad lograda con buenas o malas artes según que esté limpio o sucio.
Derramarlo augura desgracias.

acordeón Tanto si lo oímos como si lo tocamos nos anuncia una próxima reconciliación.

acostarse *Soñarse acostado* indica la existencia de dificultades que no nos vemos capaces de superar sin ayuda.
Acostados con otra persona, si es de nuestro mismo sexo, es que además te-

memos la opinión de los demás; pero si es del sexo contrario, dichas dificultades se acercan a su fin.

acróbata *Verlo* nos advierte que estamos en una situación inestable que puede llegar a ser peligrosa.
Hacer acrobacias todavía hace más inestable la situación, que finalizará bien o mal, según los sentimientos agradables o desagradables que acompañen al sueño.

actores *Si los actores somos nosotros* es que estamos fingiendo para lograr lo que deseamos.
Si los vemos actuar es que quizás algún amigo se está aprovechando de nosotros.

acusar Soñar que *somos acusados* suele ser un buen presagio, pues evitaremos caer en alguna trampa. En cambio si somos nosotros los que acusamos, augura problemas e inquietudes.

adiós Si soñamos que alguien se despide de nosotros, es que pronto nos libraremos de algo o alguien que nos perjudicaba.

adivinación *Si consultamos a un adivino* es que no tardaremos en padecer inquietudes o problemas.

Si somos nosotros el adivino, aquél a quien le predecimos nos ayudará cuando lo necesitemos.

adopción Estamos aceptando responsabilidades ajenas, que tanto pueden aportarnos prestigio como resultar perjudiciales, lo que dependerá del contexto del sueño.

aduana Si nos vemos en una aduana en la que tenemos que declarar quiénes somos, dónde vamos y qué llevamos, es que efectivamente tenemos que aclarar algunas cosas que nuestro propio inconsciente no ve muy claras.
Que nos dejen pasar o no nos indicará si habíamos obrado bien o mal.

adulterio Revela momentánea insatisfacción con algún hecho o rasgo de nuestra pareja.

afeitar *Ver que alguien se afeita* el rostro es que nos hallamos en una situación que requiere decisiones enérgicas en contra de lo que sería nuestro deseo.
Si nos afeitamos nosotros, es que creemos llegado el momento de actuar enérgicamente en defensa de nuestros intereses.

afilar Si somos *nosotros* quienes afilamos un instrumento cortante, revela que debemos controlar nuestra agresividad. Si vemos hacerlo a *otra persona*, es que quiere perjudicarnos.

afrenta *Recibirla* asegura beneficios inesperados. *Infligirla* nos advierte que seamos muy prudentes en temas económicos.

agonizar *Si estamos sanos* anuncia próximos problemas de salud. *Si estamos enfermos* próxima curación. *Si es otra persona*, es que su actitud con nosotros cambiará radicalmente.

agricultor *Verlo* es un mensaje de felicidad y esperanza. *Serlo*, pronto asumiremos mayores responsabilidades.

agua Simboliza los sentimientos y las emociones, la fecundidad y la abundancia. *Limpia*, son puros y sinceros. *Turbia o sucia*, es necesario eliminar obsesiones, deseos insanos y demás fantasmas de nuestro psiquismo. *Pasearse* al lado de una corriente de agua en ambiente nublado o con niebla, aconseja paciencia y esperar mejores tiempos, que seguro llegarán. *Nadar*, tanto puede ser bueno como malo; depende de cómo nademos. A

favor de la corriente, todo está a nuestro favor. Entre dos aguas, es indecisión. Contracorriente, hay que vigilar sentimientos y emociones que pueden ser peligrosas.
Bañarse, en agua fría revela incomprensión; en agua tibia, felicidad. Hirviendo, cólera o divorcio.
Una inundación hace temer por la salud psíquica del soñador, pues los sentimientos y emociones amenazan desbordarse.

águila *Volando hacia lo alto* nos hace esperar grandes realizaciones; pero si se mantiene inmóvil en el cielo, su llegada se retrasará o lo hará con grandes dificultades.
Si baja en picado, lo mismo le ocurrirá a nuestro proyecto.
Enjaulada amenaza humillaciones.
Pero su actitud también es importante, pues si se muestra *agresiva* augura desgracia; si parece *tranquila y serena* confirma el buen presagio; y cuando lleva una presa en sus garras anuncia peligro.
En cualquier caso siempre advierte contra el uso de la fuerza bruta.

ahogado *Verlo* anuncia una herencia.
Ahogarse advierte de contrariedades de todas clases; pero si en estos mo-

mentos estamos agobiados de trabajo, aconseja un descanso si no queremos perderlo todo.

aires Al aire no podemos verlo y sólo lo percibimos como *viento*, por lo que nos remitimos a dicha palabra.

ajo *Comerlo* revela una visión práctica de la vida, dejando de lado los ideales.

alas Soñar con unas alas indica que ha llegado el momento de la acción y la audacia. Pero las alas podemos soñarlas enormes, pequeñas, estropeadas o rotas, y estas característica aclararán en qué condiciones nos hallaremos cuando llegue el momento de la acción.

albornoz Revela indolencia o desgano.

alcachofa Aconseja paciencia si queremos llegar al corazón de las cosas o personas.

alcohol *Ver licores.*

alfileres *Soñarlos* se refieren a los «pinchazos» que nos da la vida.
De coser, cuando están *enhebrados* nos dicen que debemos reparar o reconstruir lo que se ha roto en nuestra vida.

Si están *rotos o sin enhebrar*, es que las cosas no tienen arreglo.

alfombras Indican comodidad y bienestar, a menos que estén donde no deben, en cuyo caso es un bienestar conseguido sin reparar en la legitimidad de los medios empleados.

almacén Es un símbolo de riqueza, cuya importancia dependerá de lo lleno o vacío que se encuentre.

almendras Todos los frutos con cáscara dura e interior comestible, como *almendras, nueces, avellanas*, etc., nos revelan que en nuestro interior existe un tesoro dulce y oculto, ya sea sentimental o ideológico.

Verlas anuncia dificultades; *cogerlas* suave felicidad; *comerlas* ganancias y beneficios.

Almendros floridos, proyectos felices, a menos que veamos caer las flores, con lo cual éstos no llegarán a buen término.

almohada Fortuna en asuntos amorosos.

alondra Presagia buena fortuna, especialmente si la vemos volando.

altar Siempre es de buen augurio si se halla *limpio y cuidado*, en cuyo caso suele presagiar un próximo matrimonio en la familia o amistades. Si lo vemos *sucio y descuidado*, anuncia pérdida moral o de prestigio.

alud Un alud es algo inesperado que cae sobre nosotros y puede sepultarnos.
Para interpretar el sueño debemos tener en cuenta si perecemos en el mismo o sobrevivimos; si es *de rocas* anuncia la posibilidad de un grave accidente o enfermedad; si es de *nieve* el problema es igualmente grave, pero de carácter sentimental. Si *logramos salvarnos*, es que saldremos fortalecidos de la prueba, ya sea física o moralmente.

amamantar Promete prosperidad a las mujeres, y si están embarazadas, un parto feliz.

amanecer Anuncia el final de nuestras penas y problemas.

amarillo Es el color de la inteligencia, que todo lo aclara, pero debemos distinguir tres tonalidades de amarillo.
La primera es *clara y límpida*, como los rayos solares, y anuncia momentos agradables y una mejoría de la situación.

La segunda posee un ligero matiz *verdoso*, como la piel del limón, que tanto puede advertirnos sobre una próxima dolencia hepática como de un posible mal humor, de momentos de carácter «bilioso».
El tercero es cuando presenta tonos *rojizos*, que manteniendo su buen presagio, le incorpora una cierta dosis de agresividad mental.
Ver también el apartado de *colores*.

amatista Simboliza la templanza y la sabiduría.

ambulancia *Vacía* anuncia una mejoría de la situación.
Llena, algún amigo o familiar se halla en peligro.

amor Siempre suele ser la representación de los anhelos ocultos del soñador, aún cuando la persona con la que se hace el amor no sea la que amamos. El sueño sólo indica el deseo, lo que buscamos y no tenemos.
Pero cuando los sueños con escenas amorosas se *repiten* con frecuencia, es que existen conflictos sentimentales y la vida amorosa no es como debiera.

amputación Toda amputación soñada revela el temor a perder algo relacionado con la parte del cuerpo amputada; aún cuando la mayoría de las veces se refiere a la potencia sexual.

anciano Los sueños en que aparecen ancianos no son frecuentes, y encierran un sentido de sabiduría y protección, excepto cuando adquieren la apariencia de *bruja o hechicero*, en cuyo caso delatan una posible maldad interna que no queríamos reconocer.

ancla El ancla retiene al navío; pero si es demasiado *ligera* no podrá impedir que vaya a la deriva; si es muy pesada, puede impedirle seguir navegando.
Levar el ancla es iniciar una nueva ruta, y *echar el ancla* es hacer un alto en el camino.

andrajos Si nos soñamos *pobres, sucios y andrajosos*, es que quizás lo seamos, ya sea en lo físico o en lo emocional. Puede ser un amor desgraciado o una falta de valor para emprender algo.
Pobres, pero sin andrajos, es que nuestro psiquismo se ha despojado de todo lo inútil, pero conserva lo más esencial.

ángel Suele anunciar el fin de los momentos difíciles y una benéfica transformación de las circunstancias.

anguila La escurridiza anguila representa una oportunidad inesperada que aprovecharemos o no según podamos cogerla o se nos escape.

anginas Algo nos agobia y no nos atrevemos a confesarlo.

anillos Los *anillos y alianzas* son círculos que atan, aíslan o protegen. Por ello la *alianza* simboliza una unión y una supeditación, al igual que cualquier tipo de *anillo, brazalete o cinturón.*

Perder el anillo, anuncia una ruptura de un compromiso o la liberación de una sujeción.

Buscar un anillo revela soledad afectiva.

Dar vueltas a un anillo, revela el deseo de conseguir poderes ocultos.

animales Los animales, reales o fantásticos que pueblan nuestros sueños vienen de lo más profundo del inconsciente, donde se encuentra el bestiario de los instintos primarios. Para interpretarlos hay que conocer su significado simbólico la fidelidad en el perro; la paz en la paloma; la sensualidad en el gato, etc. Por ello debemos buscar en este diccionario el nombre del animal en cuestión.

antorcha Las antorchas iluminan el camino, por lo que soñarlas es anticipo de felicidad y optimismo; pero *si se apagan*, dicha felicidad puede verse turbada por causas ajenas a nuestra voluntad.

apoplejía Nuestros bienes se hallan gravemente amenazados.

arado, arar Advierte al soñador que antes de recolectar es necesario sembrar; la necesidad de un duro trabajo si se desean conseguir buenos frutos.

araña Soñarse atrapado en su tela es que nos hallamos en una situación de la que será muy difícil escapar. Sin embargo, debemos reflexionar si el origen de la tela que nos atrapa no se halla en nuestro interior.

árbol *Plantar un árbol* es símbolo de vigor y creatividad; pero conviene ver de qué árbol se trata, pues cada especie posee un significado propio.

Cortar o arrancar un árbol equivale a sacrificar el futuro por un problemático beneficio actual.

Un árbol deshojado es indicio de infortunio o de enfermedad.

Un árbol con ramas enmarañadas nos invita a «podar» todo aquello que nos sobra e impide desarrollarnos.

Un árbol bello y frondoso es uno de los mejores sueños que nos garantiza cariño y protección.

arcilla La arcilla es una tierra que se deja moldear. En los sueños revela la capacidad de crear algo personal. Pero sin olvidar que se rompe fácilmente a pesar de su sólida apariencia.

arco iris Al igual que en el arco iris la luz se desarrolla en multitud de colores, el arco iris de nuestros sueños nos anuncia que también nosotros somos capaces de desarrollar y hacer visibles todas nuestras posibilidades. Pero el arco iris aparece cuando finaliza la tormenta y por ello, si estamos con problemas, nos anuncia el fin de los mismos.

ardilla Simboliza frivolidad.

arena *Andar sobre arenas* movedizas refleja el temor de hundirnos antes de alcanzar la meta propuesta.
Andar sobre suave arena augura placer y sensualidad.

arlequín Nos dice que a imagen del arlequín, el corazón y los sentimientos del soñador son inconsecuentes e inestables.

armadura Nos revela que no estamos tan indefensos como creíamos.

armario El armario es el receptáculo de nuestras posesiones materiales y psíquicas. Por ello, tal y como lo soñemos será el reflejo de las mismas.

Demasiado lleno nos invita a revisar su contenido para eliminar lo que ya no sirve y saber lo que debemos renovar, ya sea material o culturalmente. Pero si además está desordenado es que la renovación debe ser a fondo.

Vacío es que no estamos capacitados para la tarea que deseamos emprender.

armas El arma es el recurso del débil que quiere sentirse fuerte, por lo que indica inseguridad y agresividad; litigios y procesos.

Las armas de fuego bien engrasadas y en buen estado indican que tenemos muchas posibilidades de salir con bien de la situación.

Pero si están *en malas condiciones* es que la situación es desesperada.

Las armas blancas indican rupturas y separaciones, excepto cuando se trata de adolescentes, en cuyo caso adquieren un significado sexual.

arroyo Depende de cómo lo soñemos.
Claro y apacible anuncia tranquilidad y bienestar.
Sucio o seco, enfermedades o pérdidas.

arroz Tanto el arroz como el trigo y los cereales simbolizan la adquisición del bienestar gracias al trabajo.
Pero no es lo mismo verlos *en su mata* o *en nuestra despensa*, que ver las matas rotas o cortadas, pues en este último caso anuncia pérdidas y engaños.

arrugas Anuncian preocupación, ya sea por temor de no agradar a quien amamos o por el paso de la edad.

artistas En nuestro sueños el artista casi siempre adquiere una dimensión peyorativa, similar a la del *payaso*, por lo que recomienda mayor seriedad en la vida profesional o social.

asado, asador Si nos soñamos un asador, nos augura un trabajo fácil y provechoso.
Si nos limitamos a *mirar* como lo maneja otra persona, también augura un trabajo provechoso, pero si es de *madera*, quizás se retrase algo, y si es de *hierro* será más provechoso, pero precisará un mayor esfuerzo.

Si somos *nosotros* quienes usamos el asador, pronostica un cambio en nuestra situación para mejor si somos pobres, o para peor si somos ricos.

ascensor Lo que sucede en el ascensor será un augurio de lo que le espera al soñador, ya sea que suba o que baje; que se quede atascado entre dos pisos, que se dispare hacia arriba sin control pudiendo estrellarse en el techo, o no pare nunca de descender.

Pero siempre sin que podamos hacer nada para cambiar el rumbo de los acontecimientos.

asedios Soñarnos asediados indica que hemos llegado a un punto en que se impone un cambio radical, ya sea en temas de salud, trabajo o sentimientos; de lo contrario nos exponemos a perderlos.

asegurar Cuando soñamos suscribir una póliza de seguro es que reconocemos la existencia de un peligro, de que estamos en una falsa posición. Es conveniente, por tanto, un examen de conciencia.

asesinato Es un sueño que revela un violento conflicto interno entre lo que queremos y cómo lo queremos; entre lo justo y lo injusto; lo legal y lo ilícito. Como en el caso anterior, se impone un examen de conciencia y «asesinar» lo negativo del conflicto.

asiento, banco Simboliza nuestra situación actual, su solidez o debilidad, su seguridad o inestabilidad, se corresponden con las nuestras.

asno En los sueños el asno es el reflejo de nuestra fuerza física; por ello cuanto más *sano y fuerte* lo soñemos mejor será el presagio para nuestro provecho y capacidad de trabajo; y todo lo contrario si está *enfermo o débil*.

Muerto anuncia ruina o enfermedad.

Pasear sobre un asno aconseja modestia y prudencia, que no queremos correr demasiado.

Pegarle es perjudicar nuestros propios intereses, y conducirlo con facilidad es que somos capaces de dominar nuestros sentimientos y emociones.

atajo Es un excesivo deseo de triunfar, lo que puede ser peligroso.

atar *Soñarnos atados* indica la dependencia de qué o quién nos ata.

Liberarse de las ataduras es eliminar dicha dependencia. Si somos nosotros los que *atamos*, es que deseamos coaccionar a dicha persona, o que ya lo estamos haciendo.

aterrizaje Simboliza el fin de una situación, problema o sentimiento, y de cómo aterricemos deduciremos como finalizará nuestra situación, feliz o desgraciadamente, con rapidez o con complicaciones.

atropello Anuncia que se cometerá una injusticia contra el atropellado, ya seamos nosotros mismos u otra persona.

autobús El autobús nos conduce colectivamente y sin que podamos evitarlo hacia un nuevo destino, o al menos hacia un cambio importante en la vida.
Lo que ocurra en el viaje y cómo vivamos nos revelará cómo afrontaremos la nueva situación.

automóvil En el automóvil somos nosotros mismos quienes dirigimos y elegimos donde vamos; somos dueños de nuestro destino.
El automóvil representa los medios con que contamos y *el camino* lo que debemos recorrer y como lo recorreremos. Los detalles del viaje, el estado del coche y de la carretera aclararán las circunstancias en que se produce el cambio.

Si conduce otra persona es dicha persona quien influye decisivamente en el cambio.

avaricia *Soñar* con un avaro indica que el egoísmo nos impedirá la felicidad.

Serlo es que nuestra vanidad nos hará antipáticos; pero si quien sueña es una mujer, es que su matrimonio será de conveniencia.

avellanas Soñar avellanas posee el mismo significado de *almendras*.

averías Soñar una avería nos revela que estamos inmovilizados por las circunstancias o los sentimientos sin que podamos hacer nada, a menos que surja el mecánico que repare la avería.

Pero muchas veces lo que indica es una falta de confianza en nosotros mismos, que no nos vemos capaces de seguir adelante. Incluso a veces es el temor a la impotencia sexual.

avestruz Su interpretación es evidente, esconder la cabeza bajo las alas; es decir, no querer reconocer la evidencia si ésta no nos es favorable.

Nos recomienda ser sinceros con nosotros mismos.

avión Revela el ansia de alcanzar niveles superiores a los que poseemos, ya sean materiales, sentimentales o intelectuales. Teniendo esto en cuenta, la interpretación del sueño es similar a la del automóvil.

avispas Anuncian pequeñas molestias o pérdidas; peso si las matamos es que logramos eliminar sus efectos.

azul Es el color del cielo y despierta deseo de mayor elevación espiritual y un mayor dominio sobre instintos y emociones. Pero a quien carece del sentido religioso, le advierte que su espíritu está en las nubes, que se está dejando llevar por engañosos sueños y esperanzas.

babosa Nos advierte que a nuestro alrededor existe una persona rastrera capaz de causarnos problemas.

baile *Bailar agradablemente* con una persona amada nos revela que somos correspondidos; pero si el baile nos resulta *desagradable* es que tememos ser rechazados.
Si no sabemos bailar, aconseja ser prudentes antes de decidirnos a confesar nuestros sentimientos.

bajar Cuando bajamos *voluntariamente* indica que hemos llegado al final de una etapa, ya sea material, emocional o social y ahora debemos detenernos antes de empezar otra.
Pero si es *contra nuestra voluntad* es que nuestra situación se está derrumbando y no sabemos cómo evitarlo.

balanzas La balanza es el símbolo del equilibrio y la justicia, por lo que invita a reflexionar y comprobar si somos justo y ecuánimes.

Si las soñamos *equilibradas* es que no debemos temer nada pues nuestra moralidad es reconocida.

Pero cuando están *descompensadas*, debemos analizar qué es lo que falla. Si el platillo descendente es el izquierdo, el fallo está en el pasado; si es *el derecho*, será en el futuro.

ballena Si soñamos que *nos engulle* una ballena o un pez enorme es que nos hallamos en una situación desesperada, de la cual sólo saldremos si somos arrojados fuera, lo que nos permitirá enfrentarnos de nuevo y con posibilidades a la vida cotidiana.

Si sólo la vemos refleja el temor a una situación semejante que no sabemos si se producirá.

banana, plátano El contenido sexual de dicho sueño es innegable.

banco *Soñar* con un banco revela que nuestras energías y capacidades están inmovilizadas y debemos hacer un inventario de la situación.

Sacar dinero u otros valores revela que

debemos aprovechar todas nuestras energías y posibilidades para seguir adelante. Pero si la cuenta está en *números rojos* es que hemos agotado nuestros recursos y la situación es grave.
Ingresarlo revela una falta de confianza en nosotros mismos.

bandera

Soñar nuestra propia bandera en tiempo de guerra presagia la victoria, y en tiempo de paz, la prosperidad.
El color de la bandera nos informa del terreno en que se desenvuelve nuestra lucha (*ver el nombre del color*).

baño

Bañarse equivale a eliminar lo que nos ensucia, ya sea física o moralmente.
Si el agua en que nos bañamos es *limpia y agradable* pronostica felicidad y prosperidad en dichos terrenos.
Si el agua resulta *desagradable*, ya sea por su aspecto o por su temperatura, algo no marcha bien, en la salud o en la moral.
Si vemos la bañera pero no nos bañamos o está vacía, es que hemos perdido una buena oportunidad.

barandilla

Una barandilla *sólida* es un símbolo de protección; pero *débil o rota* amenaza pérdidas, desilusiones y falsas esperanzas.

barba

Soñarnos con barba cuando no la llevamos indica que nuestra ambición crece de acuerdo con su tamaño, por lo que debemos moderarla.

Si poseyendo barba en la vida real nos soñamos sin ella, nos recomienda paciencia, pues todavía no estamos preparados para la acción.

Soñarnos con una *barba postiza o teñida* es que nos falta coraje y lo sustituimos con una falsa arrogancia.

Afeitarse la barba es una recomendación de prudencia, pues nos faltarán las fuerzas cuando las necesitemos.

barca, barco

Sobre el agua la *barca* es el equivalente del automóvil en tierra, y el *barco* lo es del autobús. Sin embargo siempre encierran un sentido de muerte y de peligro, grave en la barca, y latente en el barco.

Y también aquí lo que ocurra en la barca o en el barco nos informa de lo que nos ocurre en la vida real.

Si llegamos a puerto, nuestros asuntos se resolverán con éxito; *si se rompen, se pierden los remos, se destrozan las velas, se para el motor o se parte el timón*, es que las cosas se presentan difíciles y será necesaria mucha prudencia; *y si naufraga*... se acabó.

barreras Cuando en sueños aparecen barreras, barrotes, vallas, estacadas o cualquier obstáculo semejante auguran la imposibilidad de lograr lo que deseamos.

Es muy importante comprobar la solidez de la barrera, pues si es *sólida* podemos descartar el éxito, y si se trata de *barrotes cruzados* anuncia además dolor o enfermedad.

En cambio, si aparece alguna *puerta* o alguna *brecha*, todavía existen posibilidades de éxito.

barro Con agua y tierra; es decir, con barro, Dios creó al hombre, y dejando aparte las creencias, es el símbolo de la creatividad, de que seremos capaces de llevar a la práctica algo relacionado con lo que simbolice la figura creada.

Sin embargo, no debemos confundir el barro con el *lodo*, cuyo simbolismo veremos en su momento.

bastón Si el bastón lo usamos para *golpear*, presagia separaciones; pero si lo usamos para *ayudarnos a andar*, tenemos personas que nos prestarán su ayuda.

baúl Para nuestras abuelas el baúl equivalía a nuestro *armario*, por lo que su significado es el mismo.

bautizo El bautizo es un rito de nacimiento y purificación; y como su elemento purificador es el agua, en nuestros sueños se refiere al nacimiento de nuevos sentimientos amorosos.

bebidas Soñar bebidas tanto puede ser bueno como malo; si bebemos agua limpia y fresca o una bebida *agradable*, es signo de felicidad, y si el vaso es lujoso, esta felicidad irá acompañada de fortuna. Pero si es *desagradable*, es augurio de enfermedad.

besar Besar a *nuestra pareja* anuncia buena suerte; besar a una persona del sexo opuesto, infidelidad.

A un *familiar o amigo*, nos anuncia su partida.

Si el beso nos resulta *desagradable*, debemos desconfiar de quien nos lo da.

bicicleta, moto Son los medios de transporte más individualizados que existen, por lo que en sueños nos anuncian que iniciaremos una nueva etapa, y nos aconsejan que actuemos con total autonomía, sin esperar ayuda de nadie.

bigamia *A un hombre*, soñar que comete bigamia puede anunciarle una pérdida de sus facultades.

A una mujer, el deshonor, a menos que sea muy prudente.

bigote Soñar con *bigote* a quien no lo lleva en la realidad tanto si somos nosotros como otra persona, es indicio de que está engañando, de que existe algo falso en su vida.

Si soñamos que lo llevamos y luego *nos lo afeitamos*, es que ha llegado el momento de sincerarnos.

billetes Los billetes de nuestros sueños pueden ser de muchas clases, pero casi nunca sirven para lo que debieran, y esta incongruencia nos revela el significado del sueño.

En efecto, si el billete es *falso*, nuestra postura actual también lo es; si es de un espectáculo que *no se celebra o no nos permiten entrar*, es que intentamos lograr algo que está fuera de nuestro alcance. Si resulta de un valor superior al que habíamos visto, también nuestras posibilidades son mayores.

bisturí Nos advierte de que en nuestra vida ha llegado el momento de cortar por lo sano algún problema que nos aqueja.

blanco En el blanco existen dos matices; el *brillante e impecable*, que nos habla de pureza, confianza y honestidad, y el *blanco mate*, que es la negación del color, y por ello, de la vida o la realidad, acepciones que aplicaremos a las personas o cosas blancas que aparecen en nuestros sueños.

boca Si soñamos que hablamos con alguien, es que nos es agradable y deseamos comunicarnos con él. Si mantenemos la boca cerrada, dicha persona no es de nuestro agrado.

bodega La bodega es la parte de nuestro inconsciente en la que habitan las falsas alegrías, y como el vino de las bodegas reales, la alegría que encierran termina en resaca.

boda Soñar con una boda puede revelar el deseo de casarse, pero tiene muchas otras acepciones.
En la adolescencia refleja el deseo de consolidar su personalidad.
En una persona ya casada, indicará un deseo inconsciente por otra pareja, aún cuando no sea la soñada.
Casarse *con alguien del mismo sexo* revela narcisimo.

bolsillo Simboliza la reaparición de un conflicto aparentemente superado; si está lleno nos será desfavorable, pero si está vació, saldremos ganando.

bolso En el bolso las mujeres guardan en sueños sus pequeños secretos, que serán descubiertos o no según lo soñemos abierto o cerrado, lo conservamos o lo perdemos.

bordados Revelan ambición, y si los llevamos puestos, falsedad.

bosque El bosque soñado es el reflejo de nuestro inconsciete. Por ello hallarse en un bosque que permita descubrir dentro de nosotros cuál es la causa del miedo que el bosque nos produce, que superaremos o no según veamos o no la luz entre el follaje.

botones *Perder un botón* revela el temor a sufrir alguna pequeña pérdida. *Coserlo o verlo*, felicidad hogareña.

bóveda La protección de la bóveda es la que nos proporciona nuestro posición social y material.
Si la soñamos *fuerte y sólida*, también lo será nuestra situación; pero si es *débil o en ruinas*, las cosas pintan mal.

brazalete Al igual que el anillo, indica la dependencia, y si vemos quien nos lo da, sabremos el origen de la misma, y lo damos, a quien pretendemos dominar.

brazos Soñarnos con unos brazos hercúleos nos asegura éxito en lo que emprendemos.

Pero si son débiles o rotos, es indicio de enfermedad o ruina.

buey El buey simboliza el trabajo paciente y productivo, por lo cual mayor será nuestro provecho cuanto mayor y más fuerte sea el buey soñado o mayor nuestra penuria según lo débil y cansino que lo soñemos.

búho El búho y la lechuza sólo cazan en la oscuridad, por lo que en los sueños anuncian toda clase de males, especialmente murmuraciones y chismorreos.

buitre Del buitre no debemos esperar compasión, y menos en sueños, donde representa a enemigos poderosos y despiadados. A menos que no nos ataque, o logremos ahuyentarlo, en cuyo caso se limita a advertirnos de que nos amenaza un peligro.

caballo Montar en sueños un brioso y noble caballo que *obedece dócilmente*, revela el dominio sobre nuestros instintos y pasiones.

Pero si el caballo se muestra *resabiado o se desboca*, lo mismo le ocurre a nuestros instintos y pasiones.

Montar en un caballo *muy grande* nos advierte que vigilemos si no queremos hacer el ridículo con nuestras reacciones grandilocuentes.

Montar en un caballo *de juguete* revela lo débil e inoperante de nuestras energías.

Caerse del caballo implica pérdidas y problemas.

En un niño, soñar con caballo responde a su deseo de aventura; *para un adolescente* posee implicaciones eróticas.

cabellos Soñarnos con una hermosa cabellera indica nuestra capacidad para triunfar en la vida; mientras que si son *escasos*, *se caen o nos los cortan*, nuestra salud y posibilidades se ven notablemente mermadas.

Peinarse los cabellos *o peinarlos* a otra persona posee un evidente significado erótico.

Soñarse calvo anuncia pérdida de amigos, y llevar *peluca* es querer mostrar unas capacidades de las que se carece aun cuando no engañen a nadie.

cabeza Soñarse con una cabeza *enorme* es una advertencia a la prudencia, pues si bien anuncia mayores posibilidades de éxito gracias a una fuerte inteligencia, puede hacer que nos lo creamos y perderlo todo.

En cambio una cabeza *diminuta* nos indica lo mucho que nos falta aprender en la vida.

Soñarnos con la cabeza mirando hacia atrás nos revela que tenemos prejuicios

cabras Si son *salvajes*, ansias de libertad; *doméstica*, de riqueza.

cabritos En una mujer anuncia embarazo y parto feliz.

cadáver Un cadáver es algo muerto, por ello el soñador debe averiguar lo que está amenazado de muerte, si sus negocios, su salud o su felicidad.

cadenas Las cadenas soñadas nos atan al pasado, y es en él donde debemos buscar el origen de nuestros problemas. Si las *rompemos*, es que hemos aprendido la lección del pasado.

caer, caídas Anuncian pérdidas y desgracias que dependerán de la altura de la caída. Esto *si caemos* nosotros, pero si vemos caer a otra persona, se refiere a su desgracia, que quizás sea culpa nuestra.

caja La variabilidad de las cajas que aparecen en sueños es infinita, de todos los colores y tamaños, y con infinidad de contenidos.
Como con los demás recipientes, *llena* pronostica riqueza y *vacía* pobreza.
Pero *buscar algo en una caja* nos advierte que buscamos lo que nos falta para triunfar.

calabaza Soñar una *calabacera* anuncia riqueza, y si recolectamos las calabazas éxito mundano.
Soñar una calabaza anuncia la curación al enfermo y la suerte al que está sano.

calendario Advierte que todo requiere su tiempo y no conviene correr demasiado si no queremos perderlo todo.

calle Una calle *recta, amplia y soleada* pronostica el cumplimiento de nuestras esperanzas.
Sombría, problemas que habrá que solucionar.
Estrecha y tortuosa, muchas dificultades.
Y si se trata de un *callejón sin salida*, es que estamos metidos en algo que no tiene solución.

cama Depende de cómo la soñemos, *lóbrega y oscura*, posible enfermedad de quien la ocupa, pero si está vacía, el peligro es para alguien cercano.
Muy grande, obsesión por el sexo.
Muy pequeña, desinterés por el mismo.
Limpia y arreglada, buen acuerdo sexual con la pareja.
Sucia y desarreglada, la vida íntima no funciona como debiera.
Rota, divorcio o viudedad.

camilla Presagia enfermedad o accidente.

camión Posibilidad de iniciar una nueva etapa gracias a una herencia o ganancia inesperada.

camisa Soñarnos con una camisa *limpia* indica prosperidad y fortuna.
Limpia pero *sin mangas*, ligera mejoría de la situación; *rota*, pobreza.
Sucia, situaciones difíciles.
Corta, lujuria.

campana Es un sueño que implica llamada y despertar, por lo que invita al trabajo y la toma de conciencia. Pero si suena triste, anuncia desgracias.

campo Cuando lo soñamos *bien cultivado* presagia un período de prosperidad.
Descuidado, pobreza.
Reseco, falta de amor al trabajo.

canal Revela que estamos encauzando nuestros sentimientos en una nueva dirección.

canastas *Llenas* siempre son favorables para algo que dependerá de su contenido de *flores*, para el amor; de *frutas*, para los placeres; de *comida*, para la seguridad material; y *vacías*, inseguridad y pobreza.
En cambios, una *canastilla* anuncia embarazo o nacimiento.

cangrejo Siempre indica dudas y vacilaciones.
Si lo soñamos entre nosotros y una per-

sona del sexo opuesto y *se le acerca* es que la relación es positiva.

Pero *si se acerca a nosotros*, es que la relación puede resultar problemática.

cantar

Cantar en sueños indica la existencia de alguna pena; pero *oír cantar*, es indicio de felicidad.

caracol

Anuncia una situación estancada, que no progresa, y nos advierte para que seamos prudentes, dispuestos a replegarnos si es necesario.

carbón

El carbón simboliza una energía latente a nuestro alcance, y nos anuncia que ha llegado el momento de iniciar un duro y positivo trabajo.

Pero si está *encendido*, quizás se acerca una tumultuosa pasión.

cárcel

Soñarse en una cárcel o cualquier lugar cerrado del que no es posible evadirse, revela impotencia y soledad interna, por lo que se debe buscar cuál es su causa: una amor absorbente, una exceso de intolerancia, una decisión ajena, etc.

Ver las llaves de la cárcel o la puerta abierta, indica que pronto cambiará la situación.

careta Quien lleva puesta una careta en sueños es que intenta ocultar algo de su vida o carácter.

carretera Si es *recta y amplia*, éxito y fortuna.
Estrecha, éxito, pero con escasez de recursos.
Llana y sin obstáculos, con facilidad.
Con curvas y obstáculos, habrá que sortear muchas dificultades.

carruaje Es un sueño cada más raro, pues carruaje, carro y carreta son los antecesores del automóvil, por lo cual su interpretación es la misma.

cartas, cartero El *cartero* es un portador de noticias de ambiguo significado, que dependerá de la carta que nos entrega. *Recibir o escribir* una carta revela el deseo algo capaz de romper la monotonía de la vida diaria, y lo que la carta aporte será favorable o desfavorable según su aspecto y lo sentimientos que acompañen a su lectura o escritura.

cartera *Llena* indica peligro de pérdidas económicas.
Vacía, ganancias, especialmente en el juego.

casa La casa soñada nos informa sobre

nuestra propia persona, y cada mueble y habitación posee un significado.

El dormitorio, la cama, la parte afectiva y sexual.

La cocina, la alimentación.

El cuarto de baño, la limpieza, física y psíquica.

Los pisos superiores, las facultades superiores.

La bodega, el subconsciente.

Y las escaleras, cómo se relacionan las distintas partes de la personalidad.

Lo que ocurre en el sueño facilita la interpretación; *una habitación que se hunde*, lo malo o lo erróneo que existe en aquello que significaba; por ejemplo, si es el despacho, es la profesión que está amenazada o descuidada.

Para más detalles buscar el nombre de habitaciones y muebles.

casco

El casco protege la cabeza, pero también la oculta.

Un casco *guerrero* advierte que prestemos atención a lo que puede caernos encima, o que ya podemos pasar al ataque.

Un casco *anatómico*, que nuestra mentalidad es práctica.

Si lleva *visera* calada, que intentamos ocultar nuestros pensamientos.

castillo En sueños el castillo revela un deseo de protección junto a un deseo o necesidad de soledad interior, por ello lo soñamos rodeado de murallas y protegido por torres y almenas.
Un castillo *iluminado* refleja el deseo de conseguir la perfección espiritual.
Sombrío, la lucha por salir de la confusión espiritual.
Negro, temor al destino.
Cuando no existen inquietudes espirituales, lo que indica es una gran ambición, y según el estado del castillo serán las posibilidades de conseguir la riqueza.

castración Es una variante muy especial del sueño de amputaciones, pues equivale a la amputación de los atributos más intimos. Sin embargo, puede tener dos significados opuestos.
El primero es *angustioso*, y responde a la existencia de una persona «castradora» en el entorno, una madre o una esposa.
El segundo *carece de sentimientos* apreciables, forma parte del proceso de superación personal y nos dice que los instintos inferiores deben sublimarse para lograr la evolución deseada.

catástrofe En un sueño que anuncia un cambio violento, la destrucción o la muerte de algo que posibilitará la reconstrucción de lo destruido bajo mejores bases. Lo que será destruido y rehecho sólo lo puede saber el soñador.

caverna Las cavernas soñadas nos informan de nuestro mundo interior, es un nuevo claustro materno en el podemos renacer y reformarnos; lo importante es lo que sucede en la caverna, que nos indicará qué se consolida en nuestro interior.

ceguera Es un sueño angustioso que nos revela que estamos a punto de cometer un gran error y que estamos tan ciegos que no somos capaces de verlo, ya sea por precipitación, tozudería, pasión o cólera, por lo que hay que detenerse y serenarse.

cementerio El cementerio recuerda al soñador que es un ser mortal y debe aprovechar su vida y enterrar sus sentimientos muertos, sus proyectos abortados, sus obsesiones y todo cuanto estorba en su vida. Y hecho esto, que siga adelante.

cerradura La cerradura es un impedimento que nos impide seguir adelante y presenta el dilema de si la abriremos.
Si la abrimos todo irá bien; *si no*, es que fracasaremos.

Pero si *la forzamos* es que estamos dispuestos a seguir adelante sin reparar en medios.
En la adolescencia puede tener connotaciones sexuales la llave y la cerradura.

césped Un hermoso césped es un buen presagio; especialmente en amores, pero si andamos por el mismo perjudicando su estado, es que deberemos superar ciertas dificultades.

chal A una mujer soñar que le *regalan* un chal es que alguien desea ganar sus favores.
Si sueña que *lo pierde*, es el temor a sentirse abandonada por su pareja.

chopo Revela añoranza o melancolía.

cielo En el cielo se resumen nuestras esperanzas y deseos, por lo que su aspecto nos informará sobre las mismas.
Un cielo *negro y tormentoso* es que existen problemas muy serios, quizás psicológicos.
Si sólo está nublado existirán preocupaciones y problemas cuya gravedad dependerá de lo nublado que esté.
Si es de *noche*, es que estamos en un momento de espera.
Si está *claro*, es que todo irá bien.

Pero en todos los casos también nos dice que tarde o temprano el cielo siempre se aclara.

ciervo El *ciervo* tiene algo de dulzura, inocencia y alegría. Por ello, soñar con un ciervo pronostica elevación moral o social; con una *cierva*, fecundidad y felicidad; y con una manada, gran fortuna material o moral.

cigarra Advierte contra la falta de previsión.

cinturón Como símbolo de protección, sujeción y dependencia, comporta ante todo un mensaje de fidelidad y protección.
Pero si es *ancho y de cuero* revela autoridad y mando; y *si porta un arma*, violencia.
Apretarse el cinturón significa lo mismo en sueños que en la vida real, pero llevarlo *demasiado suelto* indica un comportamiento psíquico negligente.
Y si se *pierde* es que hay que ser prudente; quizás no se está capacitado para enfrentarse a los problemas de la vida.
Quitar el cinturón a una persona del otro sexo anuncia que obtendremos sus favores, y lo mismo *si le entregamos* el nuestro, pero *quitárnoslo* sin más es infidelidad.

ciprés Se le asocia con los cementerios y siempre presagia desgracias o muerte (de esperanzas, negocios, etc.).

círculo En sueños el círculo posee un significado mágico de protección, por lo que soñarnos dentro de un círculo indica que estamos en condiciones de emprender lo que sea sin inquietudes ni problemas.

cirios Poseen el mismo significado que las velas, pero añaden algo más, pues suelen usarse en la iglesia, por lo que además de iluminar al soñador le indican que se halla en el camino de la elevación espiritual.

ciruelas Revelan deseos sexuales; *maduras*, se realizarán; *verdes* no se realizarán; *pasas*, habrá que esperar.

cisnes *Blancos*, gloria y fortuna; *negros*, inmoralidad.

cita Anuncia un nuevo afecto cuando se realiza; de lo contrario, son deseos irrealizables e indecisiones, en cuyo caso aconseja incrementemos nuestra confianza en nosotros mismos.

claveles Simbolizan el amor; *rojos*, apasionado; *blancos*, tranquilo y sereno; *amarillos*, celos.

cocina En sueños la cocina revela cómo se prepara el futuro del soñador.

Bien provista, está en condiciones de afrontar lo que sea.

Vacía, no está preparado y debe esperar problemas y penurias.

Lo que suceda en la cocina también aclara el sueño.

Por ejemplo, si estamos *cocinando* es que nos preparamos bien; *si se quema* la comida, nos falta mucho que aprender.

cocodrilo Advierte que nos acecha un traidor.

codorniz Posibles infidelidades sentimentales.

cofre En el cofre de nuestros sueños se guardan nuestros secretos, que estarán seguros si está *cerrado*, y divulgados o perdidos si está *abierto*.

cojo Soñar que estamos cojos nos pronostica dificultades y retrasos; y si el cojo es otra persona, es ella quien los padecerá.

colegio Nos recuerda que la vida es un conjunto de pruebas que debemos superar antes de que llegue el examen final.

coliflor *Comerla* nos advierte que seremos reprendidos por haber transgredido algo.

Verla crecer nos informa que las cosas pronto mejorarán.

A una doncella le anuncia una boda no deseada.

colina Todo lo que parece elevado en un sueño nos invita a subir, a elevarnos.

Soñar que escalamos una colina anuncia que luchamos por conseguir un objetivo, que se logrará *si alcanzamos la cima*, y fracasará si no lo logramos o *caemos* en el empeño.

collar Soñar con *un collar* revela que peligra la independencia de quien lo lleva, y ello por culpa de quien se lo coloca; *librarse del collar* equivale a recuperar nuestra libertad de acción.

Un caso aparte es el de *perlas*, que cuando se rompe anuncia que la libertad puede comportar desgracias, pérdidas e incluso ruina.

colores Cuando soñamos es importante recordar el color dominante en el sueño, que ayudará a interpretar su sentido. Para ello debe buscarse el nombre del color en cuestión.

columnas Soñarlas *sólidas y fuertes* nos garantiza la estabilidad de nuestros hogar; pero una columna *derrumbada* es una mal presagio para la persona que es el sostén de la familia.

comida Todo sueño de comida revela un hambre espiritual, psíquica o afectiva.
Para interpretar el sueño debemos buscar el nombre de *lo que se come*, que aclarará de qué se tiene hambre.
También es importante *cómo se come*; pues la glotonería revela un exceso de ambición, mientras que en la *desgana* las ambiciones son muy limitadas.
Si la comida nos *desagrada* es que debemos enfrentarnos a una situación derivada del simbolismo de lo que se come.

conchas Las *conchas* evocan sensualidad y protección. Por ello siempre anuncian placeres y prosperidad.
Pero *si nos vemos en una ostra*, o entrando en ella, el sueños nos invita a encerrarnos en nosotros mismos en un ejercicio de introspección para hallar la «perla», es decir nuestro *Yo* verdadero.

conejo, liebre Tanto el conejo como la liebre simbolizan la fertilidad y la abundancia, por lo que soñarlos tanto puede ser indicio de deseo y lujuria como de abundancia de pequeños trabajos que incrementarán las posibilidades económicas.

convento Refleja el deseo de huir de las responsabilidades de la vida.

copas En los sueños de copas coexisten *la copa*, que simboliza el corazón, y *el gesto*, lo que hacemos con el mismo.
Así *brindar* equivale a desear compartir amor.
Beber de la misma copa, deseo de fundirse con la otra persona; etc.

cordero, oveja Simbolizan el estado de nuestra riqueza, presente o en un próximo futuro.
Lustrosos y bien alimentados presagian fortuna y bienestar.
Delgados y famélicos, nos advierten que vigilemos nuestras inversiones.
Un solo cordero, un beneficio inmediato.
Un cordero muerto, peligro de pérdidas.

correr Su interpretación depende de los sentimientos que despierte.
Correr en agradable competición es una lucha con otros competidores a los que venceremos, y si la competición es con un animal, venceremos lo que el mismo simboliza.

En cambio, los sueños angustiosos en que corremos *para huir de algo*, debemos sortear obstáculos o no podemos avanzar, reflejan estados de incertidumbre o de agotamiento nervioso.
Ver correr a otra persona, acontecimientos imprevistos.

crespúsculo El crepúsculo es una transición, ya sea de la luz a la oscuridad o a la inversa. Por ello, en sueños promete un cambio de situación para mejorar si es cuando sale el Sol o para empeorar si se pone.

cristal Su transparencia nos informa sobre la claridad de nuestras ideas y la lucidez de nuestro espíritu, por lo que cuando es *transparente* es el mejor presagio de honradez y honestidad. Pero si está *empañado y deslucido*, será lo contrario.

cruz En sueños una cruz encierra toda una serie de mensajes, que sólo el soñador puede descifrar. Puede indicar que es necesario tomar una orientación definitiva en nuestra vida, ya sea material, mental o espiritual.
Puede ser una advertencia a la prudencia, si no queremos llevar la cruz a cuestas. Y si la vemos en nuestro pecho, que debemos recuperar la fe y las creencias perdidas.

cruce Un cruce es un obstáculo que debemos superar para acceder a otro nivel o situación.

Si el cruce lo soñamos *en una ciudad*, el obstáculo es de orden social y podemos hallarnos ante un semáforo, que nos indicará si podemos realizar el cambio o debemos esperar.

Si es *en el campo* el obstáculo es de orden interno, y su naturaleza nos indicará de qué se trata, un río, lago o canal, es decir, *agua*, se tratará de sentimientos; si es un *fuego*, pasiones o traiciones; y si es una falla en el *terreno*, los obstáculos serán económicos.

Si superamos o no el cruce, y como lo logremos, nos completará el significado del sueño.

cuello Soñar nuestro cuello indica una mala conexión entre nuestro cerebro y nuestro corazón, lo cual puede interferir en el rendimiento profesional.

Si es *el de otra persona*, es ella quien tiene el mismo problema.

cuerdas Una cuerda tanto puede servir para subir como para bajar. *Subir* revelará nuestro deseo de ascender social o profesionalmente, aún a riesgo de perderlo todo si nos caemos. *Bajar* es nuestro miedo a perder la situación.

cuerpo

Soñar nuestro cuerpo o el de otra persona es frecuente, pero sólo tiene importancia si lo soñamos deformado o distinto a la realidad.
Mayor de lo normal, engrandecimiento de bienes.
Menor, empobrecimiento.
Sucio, inmoralidad; etc.

cuervo

Siempre augura males y calamidades.

cuna

Una cuna nos habla de nacimiento, seguridad y confort cuando está *ocupada*; pero de inseguridad si está *vacía*. En el primer caso, tanto puede invitarnos a abandonar un estado de agradable pasividad y aceptar responsabilidades como a iniciar un nuevo camino, a empezar de nuevo.

dados Nos advierten que debemos poner la suficiente voluntad para no dejar que sea el azar quien domine nuestra vida.

damero El damero de nuestros sueños es el campo de batalla de nuestra vida, y debemos analizar el conjunto del sueño para ver cuáles son nuestros contrincantes y evitar el «mate».

delfines Es un buen presagio para lo que estemos haciendo, pues el delfín siempre ayuda al hombre.

delgadez Soñarnos muy delgados es una advertencia sobre nuestra salud, la amenaza de una enfermedad cuya gravedad dependerá de lo delgado que nos veamos.

demolición Demoler equivale a destruir lo que ya no sirve, por lo que en sueños es un presagio de que pronto iniciaremos una nueva etapa, sin embargo, si la demolición se acompaña de sentimientos angustiosos, es que algo nuestro peligra, y el simbolismo del objeto destruido nos informa de qué se trata.

deporte

Soñarnos en una competición deportiva nos advierte sobre nuestras capacidades, que serán excelentes si ganamos o deficientes si *perdemos*, lo que haremos deportivamente.
Cuando nos vemos con un *equipamiento* que no se corresponde con el deporte practicado, es que estamos mal preparados, y conviene cambiar de actitud profesional, afectiva o psíquica.

desierto

Simboliza la soledad y el aislamiento, físico, emocional o espiritual, por lo que si va acompañado de tristeza nos invita a mejorar nuestra comunicación afectiva con los demás; pero si se acompaña de miedo o aprensión, es que se acercan momentos difíciles y debemos ser más sobrios y menos ambiciosos.

desnudez

No hay que confundir la *desnudez* con la *falta de ropa*; en el primer caso es un sueño agradable que implica el deseo de vernos libres de fingimientos e hipocresías, mientras que el segundo es un sueño desagradable de impotencia y desamparo.

desván Soñar con el desván revela que algo falla en nuestra vida cotidiana, y por ello reaparecen los fantasmas del pasado.

día y noche Cuando un sueño se desarrolla en el *mediodía*, lo que reconoceremos por la ausencia de sombras, es que la acción anunciada por el sueño está en pleno apogeo, en un momento privilegiado, pero que a partir de ahora comenzará a declinar.

Por el contrario, si la acción es de *noche*, en plena oscuridad, aconseja esperar, pues la noche es para descanso; y también cuando se gesta el día.

Pero existe la otra cara de la moneda, cuando vemos *entrar la noche*, en cuyo caso el sueño es negativo, pues algo muere y termina, es el fin de las esperanzas.

diablo Los diablos del sueño representan lo que se agita en el subconsciente e induce a cometer actos reprobables al propio entender del soñador; pero lo más frecuente es que refleje un sentimiento de culpabilidad que pugna por ser reconocido.

diadema Tanto puede reflejar deseos inconscientes de grandeza como el presagio del reconocimiento de nuestros méritos.

diamantes Simbolizan el poder y la soberanía, la incorruptibilidad, la realidad absoluta y la integridad.

diarios, revistas El diario soñado nos informa sobre los puntos débiles de nuestra personalidad.
El diario o revista soñada informa de qué se trata; *un cómic*, revela superficialidad; *una revista del corazón*, problemas o necesidades afectivas o sexuales; y un *periódico*, preocupación excesiva por los asuntos ajenos.
Pero si sólo leemos los *anuncios*, es que deseamos un cambio en nuestra situación.

dientes Sin dientes no es posible morder ni alimentarse; es decir, agredir o fortalecerse.
Perder los dientes en sueños anuncia falta de vitalidad, temor a la derrota y a la vejez. *Mostrar los dientes*, revela agresividad.
También el diente perdido añade su significado propio a lo que se pierde, los *incisivos* la apariencia externa; los *caninos* la agresividad, y los *molares* la obstinación y perseverancia.

dinero El dinero posee un valor similar en sueños y en la vida real, pero ampliado; así, tanto puede referirse a un valor o energía potencial de la que podemos disponer o cambiar algo, como referirse a algún bien que no nos atrevemos a mencionar por su nombre, generalmente de carácter sexual.

Y el uso que hagamos o lo que ocurra con nuestro dinero nos aclarará de qué se trata.

Pero cuando el dinero lo soñamos en forma de *monedas*, por su escaso valor nos augura problemas financieros; *si las hallamos* es que queremos superarlos; *si las perdemos*, nos advierte sobre gastos incontrolados.

dique El dique soñado sirve para proteger al soñador de las aguas (emociones y sentimientos) y advierte que procuremos dominarlos.

Pero si el dique *se rompe* y se produce una inundación, los sentimientos amenazan desbordarse.

disfraz Soñar que *nos disfrazamos* revela la intención de disimular nuestros sentimientos e intenciones.

Si el disfraz lo porta *una persona conocida*, nos advierte para que desconfiemos de la misma.

Pero si *no la conocemos*, es que alguien intenta aprovecharse de nosotros.

domar En la adolescencia refleja las inquietudes y problemas de la edad, pero en la edad adulta presagian un éxito pasajero si la doma resulta eficaz, pero si no se consigue u ocurre algún accidente, augura un fracaso.

eclipse Es un sueño que siempre presagia enfermedades y desgracias; leves si es de la *Luna* y graves si es de *Sol*.

elefante Informa que la vida del soñador es estable y bien consolidada, pues el elefante simboliza fuerza, prosperidad y longevidad.

A un enfermo le garantiza la curación.

embarazo Cuando el sueño resulta desagradable revela el temor a las posibles consecuencias de unas relaciones sexuales o a las enfermedades venéreas.

enanos Soñar que nos *convertimos en un enano* tanto puede revelar un complejo de inferioridad como un descenso de posición social. Pero *si nos sentimos cómodos* en nuestra pequeñez, se limita a advertirnos que no rehuyamos los problemas y tengamos algo más de ambición.

encrucijada La encrucijada le dice al soñador que su vida se encuentra en un momento en que debe escoger qué destino quiero dar a su vida.

enfermedad Tanto puede revelar temor por nuestra salud como la existencia de un problema en la parte de nuestra personalidad que revelará el órgano afectado por la enfermedad.

Si es *el corazón* se tratará de problemas afectivos.

Si son *los ojos*, es que no se quiere ver la realidad de las cosas.

Si *el estómago*, que no terminamos de «digerir» los problemas que nos agobian.

Pero si es un estado generalizado y suave sin localización precisa, es un deseo de sentirse amado y mimado.

enterrar Suele referirse a un cambio de vida, al entierro de una tendencia interior, y el nombre del objeto o animal enterrado nos dará la clave del sueño.

entierro Soñar un entierro pronostica el triunfo sobre nuestros enemigos ya sean exter-

nos o internos (personas, pasiones, defectos, etc.).
Si sólo vemos al sepulturero, anuncia una herencia inesperada.

envolver Envolver algo sirve para protegerlo y ocultarlo. Por ello, el soñador debe averiguar de qué o de quien tiene que protegerse, o qué quiere ocultar a los ojos de los demás.
Normalmente el nombre de lo que ocultamos nos lo aclarará.

equipaje Cuando contiene el equipaje que aparece en sueños tiene por objeto llevarnos cuanto necesitamos para un viaje, una nueva etapa de nuestra vida.
Pero el equipaje puede ser demasiado *pesado*, lo que indicará que estamos demasiado aferrados a las cosas o hábitos pasados y no somos capaces de iniciar el cambio.
Otras veces está *vacío*, lo que indica que carecemos del valor y energías necesarias para llevarlo a cabo.
Otras veces *lo perdemos*, lo que indica inseguridad en nuestras propias fuerzas.

erizo Presagia luchas y decepciones.

escalar Soñar que escalamos una montaña o

cualquier lugar elevado revela el deseo de escalar una posición, de conseguir una promoción, pero sabiendo de antemano que para lograrlo deberemos superar muchas dificultades.

escalera Los sueños de escaleras son similares a los de escalada; pero con una diferencia, en lo alto de una montaña podemos permanecer indefinidamente, es decir conseguir una situación estable, mientras que en la cima de una escalera no es posible, sólo es un medio para subir. Y las circunstancias indicarán cómo subimos.

En primer lugar, *los escalones son iguales*, lo que implica un ascenso por grados, ya sea en una jerarquía profesional o iniciática.

Pero la escalera puede ser *inestable o carecer de barrotes*, revelando que no ha llegado el momento de subir. O caernos, lo que equivale a fracasar.

escoba Soñar que estamos barriendo nos informa que debemos eliminar algo periclitado en nuestra vida. Pueden ser personas, cosas e incluso la necesidad de olvidar un amor fracasado.

escorpión Simboliza una traición que se ocultará donde lo soñemos; si es en el *despacho*, el traicionero será un compañero o un empleado; en el *dormitorio*, una infedelidad.

esmeralda Es la piedra de la fecundidad y la esperanza

espada La espada simboliza el valor, la nobleza y el poder. Por ello, soñarnos con *una espada* nos promete incrementar nuestro poder, o conseguirlo si carecemos de él.
Cuando sólo *vemos* la espada, en especial su *hoja*, lo que resalta es su filo cortante, que simboliza el poder de la palabra; si está *afilada*, también lo será nuestra lengua; si es *roma*, indicará falta de elocuencia.
En la adolescencia es un sueño con connotaciones sexuales.

espalda Simboliza la fuerza y la resistencia físicas, y como soñemos la espalda, nuestra o ajena, así será la fortaleza física de dicha persona.

espectáculos Los espectáculos son un medio por el que nuestro subconsciente nos hace llegar mensajes.
Por ello, lo que sucede en el escenario, ya sea de *teatro, cine o TV*, se refiere a nuestros problemas internos, y el papel

que desempeñemos (y como lo hagamos), de actores, directores o espectadores nos descifrará el sueño si lo analizamos de acuerdo con nuestros sentimientos.

espejo En sueños los espejos reflejan nuestro interior; por ello, cuando no nos podemos ver por hallarse roto, empañado o nuestra imagen nos resulta desagradable, es que debemos limpiar y recomponer lo que hay de sucio, roto o desagradable en nuestro interior, ya sean sentimientos, pensamientos o modos de ser. Y si nos vemos mejor de cómo somos, nos aconseja una cura de humildad.

espigas Simbolizan la riqueza cuando están *llenas y maduras*, y la pobreza si están *secas y vacías*.

espinas Son obstáculos y peligros, agravados si nos pinchamos.

estatua Soñarnos convertidos en una estatua revela el temor a la impotencia o la frigidez.

este Ver *orientación*.

estrellas Soñar un cielo estrellado es un excelente presagio, excepto si las vemos demasiado pálidas o que caen, en cuyo caso anuncian alguna desgracia.

examen Es un sueño frecuente en situaciones difíciles o comprometidas y traduce la angustia del momento. El resultado del examen nos informará si superaremos o no dicha situación.

excrementos Soñar con excrementos presagia suerte; pero si lo que soñamos es *que los estamos moldeando* como si fueran arcilla, revela el deseo de modelar nuestra propia personalidad y riqueza, con resultado positivo si el sueño resulta agradable, o negativo si es desagradable.

Si lo soñado es que estamos *defecando normalmente*, es una buena señal, pues indica que nos estamos liberando de cosas periclitadas, pero si lo hacemos con *dificultad*, demuestra avaricia, y si es *con diarrea*, tendencia al despilfarro.

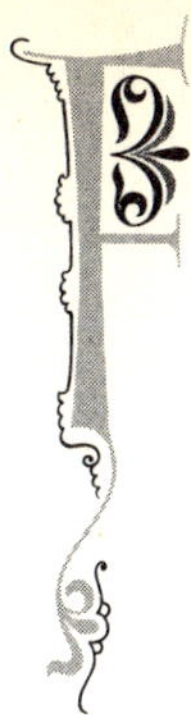

fábrica Soñar con una fábirca o taller en pleno rendimiento es una promesa de trabajo y prosperidad, pero si la soñamos silenciosa e inactiva, es que nuestro trabajo y nuestra economía se hallan en peligro.

factura Cuando en sueños se nos aparece una factura es una advertenecia de nuestros subconsciente para que no malgastemos unas energía que luego nos harán falta.

fantasma Soñar con un *fantasma o un aparecido* nos promete felicidad y bienestar, excepto que lo reconozcamos como algún *pariente cercano* ya fallecido, en cuyo caso nos advierte de un peligro.

fardo

Soñar con un pesado fardo anuncia un penoso trabajo; si lo *cargamos*, lo realizaremos nosotros.

Si lo carga otra persona, es que huímos de las responsabilidades.

faro

Nos anuncia el fin de nuestras dificultades.

flecha

Ver o lanzar una flecha revela que conocemos cuáles son nuestros objetivos y somos capaces de alcanzarlos con rapidez y decisión.

Pero *si fallamos el blanco* o la flecha *nos hiere*, presagia problemas materiales o sentimentales.

flores

La mayoría de las flores poseen su significado propio, pero *vistas* en conjunto, en un ramo o en el campo, son el símbolo del amor, la primavera y la belleza, por lo que anuncian el deseo de iniciar una relación sentimental.

Y si *las cogemos o nos las entregan*, seremos correspondidos.

fortaleza

Verla significa que pronto resolveremos algo que nos preocupa.

Entrar en ella es que adquiriremos la seguridad y fortaleza necesarias para colmar nuestras ambiciones.

Salir de la misma equivale a lanzarnos a una incierta aventura.

fosa Las fosas y las zanjas anuncian problemas y dificultades; *si las vemos a tiempo*, podremos evitarlas; si *las superamos*, también superaremos los problemas, pero *si caemos* dentro, fracasaremos.

fotografías *Contemplar* viejas fotografías es señal de nostalgia, y a veces de temor al fracaso; especialmente si ya son oscuras o amarillentas.

Si lo que soñamos es que *hacemos fotografías*, es que desearíamos conservar para siempre lo que fotografiamos, ya sean personas o cosas.

frente Simboliza la inteligencia y el carácter, por lo que si soñamos con alguien con un frente *amplia y elevada*, es que podemos confiar en él, pero si la *tiene estrecha, fea o huidiza*, debemos desconfiar de sus intenciones.

fruta La fruta *madura* es un símbolo de prosperidad, abundancia y placer.

Pero si la fruta soñada es *verde*, es que no estamos preparados para disfrutarlos. Si está *agusanada o pasada*, serán placeres que no podremos disfrutar. Además cada fruta posee un significado particular que debemos consultar.

fuego

Es el símbolo del espíritu, y *la llama*, mezcla de fuego y aire, de inteligencia superior.

Soñar *grandes llamas* que ascienden hacia el cielo anuncia grandes ideas y sentimientos que iluminarán la existencia.

Soñar un *fuego humeante y devorador* revela el peligro de pasiones exaltadas que conducen a la ruina, especialmente si nos quemamos.

Pero si sólo es una llama *tímida y temblorosa*, el mensaje es el de moderar las aspiraciones.

Atizar el fuego indica deseos de venganza.

fuente

El agua que nace en una fuente purifica y vitaliza; por ello la fuente soñada revela deseos de purificación y renovación.

Si la fuente está seca, son vanas esperanzas.

Si bebemos de su agua *fresca y cristalina* nuestras esperanzas se verán colmadas.

Si el agua sale *turbia y no es potable*, amenaza ruina moral y material.

El mejor de los presagios es cuando la fuente mana en nuestro jardín.

gacela

En los sueños la gacela simboliza a la mujer hermosa y exótica, y lo que hagamos con la misma nos revelará el significado del sueño. Si intentamos cazarla es que la deseamos, y si la alcanzamos es que lo lograremos.

Pero si nos ataca es que la mujer se revelará contra nosotros.

Y del mismo modo interpretaremos cuanto suceda con la gacela.

gachas

Las gachas o papillas son para los que no tienen dientes, es decir, para los recién nacidos y los ancianos.

Por ello, el sueño representa la posibilidad de satisfacer ansiados deseos cuando ya no podrán disfrutarse.

gafas

Soñar gafas cuando no se usan en la vida real, revela que la visión de las co-

sas se halla deformada ya sea por la pasión, los prejuicios o los intereses de quien las lleva.
Perderlas, es no querer ver las cosas como son en realidad.

gallinas Una *gallina* se refiere a cosas insignificantes, ya sean en bien o en mal, según sea *blanca o negra*.
Pero *un corral de gallinas* se refiere a murmuraciones y comadreos.

gallo Si *canta* son buenas noticias, si *pelea*, disputas domésticas.

ganso Simboliza la estupidez.

gato Simboliza la sensualidad, especialmente la femenina, por lo que a un hombre suele augurarle que una mujer desea seducirle y a una mujer su deseo de seducir.
Si nos *araña*, son disputas e infidelidades; y *darle de comer*, rivalidades.

gimnasia Nos invita a mantenernos en formal mental y físicamente.

girasol El girasol nunca pierde de vista al Sol, y en sueños nos invita a que no perdamos de vista nuestro objetivo primordial si queremos triunfar en la vida.

golondrinas Su llegada anuncia la primavera, y su partida el invierno.
Soñarlas presagia una felicidad teñida de melancolía, pues sabemos que no será duradera.
El mejor presagio es *cuando anidan* en nuestra casa, en cuyo caso será una felicidad perdurable.

golpes Anuncian acontecimientos súbitos y desagradables. Si se producen *en una pelea* y la ganamos, los superaremos felizmente, y si la perdemos, deberemos pechar con las consecuencias.
Si recibimos el golpe *sin ver de dónde llega*, nos advierte para que reprimamos nuestros impulsos.

gorila Simboliza los impulsos primitivos a los que hay que dominar

gorrión Simboliza las cosas fútiles e intrascendentes.

goteras Por simbolizar el agua los sentimientos y emociones, soñar con goteras revela que están empezando a dominarnos emociones incontroladas.

grietas Anuncian pérdidas y molestias, cuya importancia depende de su amplitud.

gris Es el color de la niebla, la indiferencia y el dolor; pero también de todos aquellos temores que moran en el inconsciente.

gritos Advierten sobre la existencia de un peligro, pero si queremos gritar y no podemos, el peligro es serio.

grosellas Simbolizan el amor, puro si son *blancas*, apasionado si son *rojas*, y carnal si son *negras*.

guadaña Es símbolo de muerte y de cosecha, pero de la cosecha que sólo se consigue cortando la mata, al fin y al cabo, otra forma de muerte.

guantes Unos guantes *suaves y nuevos* auguran felicidad y habilidad.
En mal estado, contrariedades
Demasiado pequeños, malestar o falta de aptitudes prácticas.
Vueltos del revés, advierten contra los cambios de opinión y las posiciones contradictorias.

guerra La función de los sueños de guerra es hacernos patente la existencia de una falta de equilibrio, de una lucha interna, especialmente dura si en la guerra se llega al *cuerpo a cuerpo*.

El resultado del conflicto indicará si lo solucionamos o no, pero *si no vemos el resultado*, es que de momento no sabemos cómo resolverlo.

guisantes *Frescos* y en sus vainas pronostican matrimonio.
Desgranados, ganancias proporcionales a su cantidad.
Si están *secos* es una posible herencia.
Y *cocidos*, una posible enfermedad.

gusanos En sueños debemos distinguir dos clases de gusanos, aquellos que *se transforman en mariposas* y los que *agusanan la fruta o se alimentan de carroña*.
Los primeros anuncian cambios favorables y elevación, ya sea material o espiritual (ver *Mariposa*).
Los segundos nos anuncian que en nosotros o en nuestro entorno hay algo podrido, que amenaza ruina, ya sea un negocio, un sentimiento o algo íntimo y secreto.

habas Suelen anunciar un próximo nacimiento en la familia.

habitación Lo importante de la habitación soñada, sea la que sea, son *los sentimientos* que despierta; si son *agradables* es que las actividades que realizamos en la misma nos resultan satisfactorias, pero si son desagradables anuncian problemas y conflictos.

El peor presagio consiste en verla en estado *ruinoso*, o *con goteras* si se trata del dormitorio.

hacha Como todos los instrumentos cortantes, el hacha sirve para cortar por lo sano aquello que simbolice lo que cortamos ya sean problemas, obstáculos, sentimientos o impedimentos; sin embargo, el hacha se distingue por su contundencia.

halcón Emblema del alma en el antiguo Egipto, el halcón y también el *gavilán* sigue siendo el símbolo de lo superior y elevado.

Por ello soñar con un halcón indica una superioridad que no tardará en manifestarse.

Tanto puede ser general, *si lo vemos en lo alto*, como sobre un tema concreto cuando *caza* una presa, que será la que lo defina; así por ejemplo, luchar con una hiena significa el triunfo sobre la traición.

hamaca Es un sueño que pone al descubierto nuestra indolencia y pasividad.

harapos Su significado depende de los sentimientos y circunstancias que acompañan al sueño.

Si son *penosos* es la incertidumbre por el futuro.

Si son *agradables*, revela un seguridad que no depende de las apariencias.

harina Es el símbolo de la riqueza y la comodidad material y espiritual, pero sin lujos; es la seguridad de que nunca faltará lo más necesario.

herencia Soñar con una herencia nos informa de que recibiremos algo, bueno o malo, sin hacer nada para mercerlo. El simbolismo de lo que heredemos aclarará de qué se trata.

heridas Nos informa que algo se ha roto o tememos que lo haga en nuestra existencia. Dónde recibamos la herida aclarará de qué se trata.

En los *brazos*, se referirá a nuestra capacidad de trabajo; en la *frente*, al valor y el coraje, en las piernas a problemas de motricidad; en los *genitales* el temor a las posibles consecuencias de la sexualidad; y así sucesivamente.

herrero Simboliza el triunfo del espíritu sobre la materia, y por ello sobre nuestras limitaciones y problemas.

hiedra Del mismo modo que la hiedra se adhiere tan firmemente que no puede arrancarse de donde enraíza; la hiedra soñada nos habla de aquellos afectos y deseos que no podemos eliminar de nuestra vida.

Pero si la hiedra soñada *cubre casi totalmente las paredes*, nos advierte de que estamos dejando que los demás limiten excesivamente nuestra libertad.

hiena Simboliza las bajas pasiones, la cobardía y la traición.

hierba Reposar sobre la *hierba fresca* es una promesa de placer y libertad; pero si la *hierba está seca* ya es demasiado tarde para realizar nuestras ilusiones.

hierro Simboliza la fuerza y la inflexibilidad; es el poder adquirido por la fuerza.

hígado Según los antiguos era la sede del coraje, la cólera y la animosidad; por ello lo que en sueños le suceda al hígado podemos aplicarlo a nuestro valor y coraje.

higuera Los sueños en que aparecen *higos* o una *higuera* son sueños de fertilidad y abundancia; pero como en muchos otros casos, si la higuera o los higos están *secos*, lo son de pobreza y esterilidad.

En la adolescencia, soñar higos posee connotaciones sexuales.

hilos Cuando en nuestro sueños aparecen hilos o alguien hilando, debemos esperar intrigas, complicaciones y embrollos.

hipoteca El significado de este sueños es casi el literal, el temor por la administración de nuestros bienes o a perderlos.

hogar Siempre se refiere a la unión y la comunicación familiar, y según lo que suceda al hogar soñado sabremos qué puede suceder entre los miembros de la familia.

hoguera Es un sueño de purificación por el fuego que nos invita a eliminar cuanto sea un lastre en nuestra vida, emocional, mental o física.

hombres La interpretación de los sueños en que aparecen desconocidos depende de la edad que representan.
Si son *jóvenes* reflejarán envidias y rivalidades; mientras que si son *ancianos*, protección y seguridad.

hormigas Al igual que las abejas simbolizan la previsión y el trabajo organizado, por lo que es un buen sueño, excepto cuando nos vemos invadidos por ellas, en cuyo caso augura multitud de pequeñas molestias que nos harán la vida imposible.

hospital Si ya padecemos alguna indisposición refleja el temor a la enfermedad y al sufrimiento; pero si estamos sanos augura dificultades y problemas.

hoz Posee el mismo significado que *guadaña*.

huesos Los sueños en que aparecen huesos auguran toda clase de males y contratiempos, y cuando es un sueño repetitivo aconseja consultar al psicoanalista.

huevos En sueños revelan que algo es fecundo y se realizará; ya sea una idea, un sentimiento o un proyecto.
Pero si los huevos *se rompen o están rotos*, es el temor a que nuestras esperanzas no se cumplan.
En personas de una cierta elevación espiritual puede anunciar un nacimiento o renacimiento a un nivel superior.

humo En la vida real el humo enturbia la vista e impide ver claro; por ello es un sueño que se produce cuando existe una confusión mental que impide pensar con claridad.

huracán Es uno de los fenómenos naturales más devastadores que existen, y en sueños anuncia una prueba o experiencia trascendental de la que saldremos fortalecidos o destrozados, según cómo transcurra el sueño y las emociones que lo acompañen.

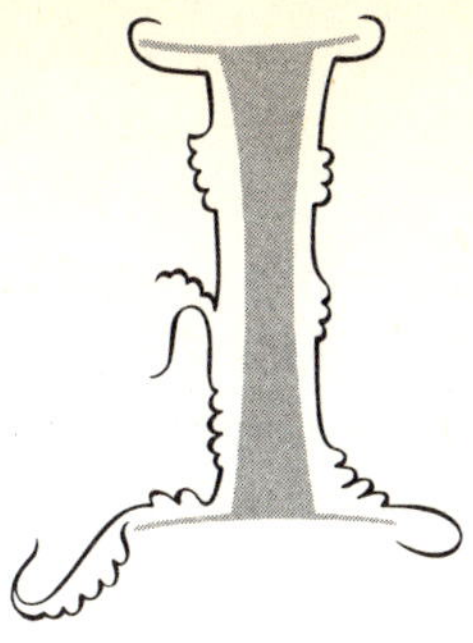

iglesia *La iglesia* o cualquier templo es el santuario donde el soñador se recoge para resolver sus problemas, dudas e inquietudes, ya sean intelectuales, morales o espirituales.

Lo importante es si entramos o no, lo que nos indicará si estamos dispuestos o no a resolverlos, pero *si además rezamos*, es que todas nuestras dudas y vacilaciones se resolverán.

incendio Soñarnos *dentro* de un incendio devorador es una advertencia muy importante de que nuestras pasiones están exacerbadas, y lo más urgente es ver dónde se ha iniciado el fuego para ponerle remedio; *en el dormitorio* (la vida conyugal o el sexo), *en el despacho* (el trabajo y la profesión), etc.

Pero si es *en el exterior*, quizás se trate

de problemas de comunicación o instintos de destrucción.

infidelidad Revela insatisfacción por algo referido a nuestra pareja, y este algo nos será revelado por las características físicas o psíquicas de la persona con la que cometemos la infidelidad.

A menos de que realmente nuestra pareja no satisfaga (o no nos atrevamos a pedirle) nuestros caprichos eróticos.

insectos Quizás más que *insectos* deberíamos decir «*bichitos*», como *moscas, mosquitos o escarabajos*, pues el sueño se refiere a aquellos bichitos que nos atacan y molestan.

Por lo general el sueño revela el temor a murmuraciones e insinuaciones maliciosas; o a aquellas personas molestas que interfieren en nuestra vida sin que exista un motivo que lo justifique. Matarlos revela el deseo de hacerlos desaparecer.

inundación Ya vimos anteriormente que el agua se refiere a sentimientos y emociones, y una inundación es el agua que se desborda y sale de cauce. La amplitud de la misma y de los destrozos causados revelará lo perjudicial del exceso pasional que refleja, y el lugar enm que se produce, el origen de los mismos.

invierno Los sueños de invierno tienen dos acepciones muy distintas, la de frío y la de esterilidad.

La de frío, la más angustiosa, refleja una falta de cariño y afecto.

La de esterilidad lo es para una posterior recuperación, ya que durante el invierno descansa y se recupera; por ello este sueño aconseja descanso y meditación, aún cuando, según las circunstancias, puede anunciar un tiempo de penuria.

isla Soñar que *estamos* en una isla revela el deseo de una feliz soledad al abrigo de los peligros del mundo.

Y si en lugar de habitarla *nos dirigimos a ella*, es un mensaje de esperanza, de que hallaremos por fin dónde refugiarnos.

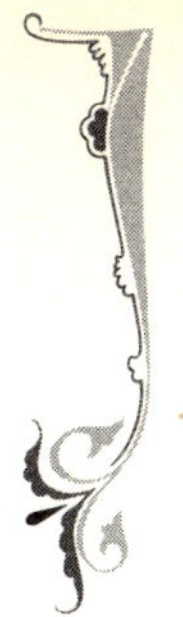

jabalí Simboliza el valor y el coraje, por lo que en sueños nos advierte sobre la existencia de un peligroso enemigo.

jacinto Simboliza la amistad y la benevolencia.

jardín En sueños el jardín simboliza nuestro mundo interior con todas sus complejidades.

Cuando lo que resalta del sueño es la sensación de *paz y tranquilidad*, es que en nuestra vida diaria estamos viviendo unos momentos de plenitud.

Si lo que destaca es *la armonía del conjunto*, es que también lo es nuestro mundo interior.

Si es un jardín *hermoso pero desordenado*, revela libertad y naturalidad.

Si contiene *árboles retorcidos y ator-*

mentados, también lo será nuestra alma.
Y así sucesivamente con todos los detalles que recordemos.

jarrón Todos los recipientes que usamos para contener líquidos, como la jarra o el jarrón, en sueños contienen sentimientos.
Si la bebida que contiene es *agradable*, los sentimientos también serán buenos y agradables; y si es *desagradable* serán perniciosos o perjudiciales.
Si el jarrón contiene un *ramo de flores*, es un amor floreciente.

jazmín Es la flor de la amabilidad.

jorobado *Verlo* en sueños pronostica buena suerte, pero soñar que *lo somos* es todo lo contrario.

joyas En el fondo las joyas son metales y piedras preciosas engarzadas para producir un efecto hermoso. Pero con ello se altera el significado de piedras y metales, que en una joya advierte contra las cualidades inversas de la piedra o metal.
Así, si *es oro* previene contra el orgullo, *de plata* contra las mujeres, *de diamantes* contra la corrupción, *de perlas* contra la desgracia.

Pero además, su forma también adquiere significado propio, como el *collar y el anillo*.
Y si la joya es *falsa o de bisutería*, contra la vanidad y presunción.

judías Son riñas o disputas.

jugar Los juegos soñados son un simulacro de lo que sucede en la vida, y por ello su información es muy compleja.
Soñar con los *juguetes de nuestra infancia* expresa tendencias pueriles o deseo de huir de las preocupaciones.
Con juguetes *bélicos*, nos advierte contra la agresividad.
Los *de sociedad*, revelan superficialidad y alegría.
Los *de azar*, pérdidas y decepciones.
Si hacemos trampas, falsedad.

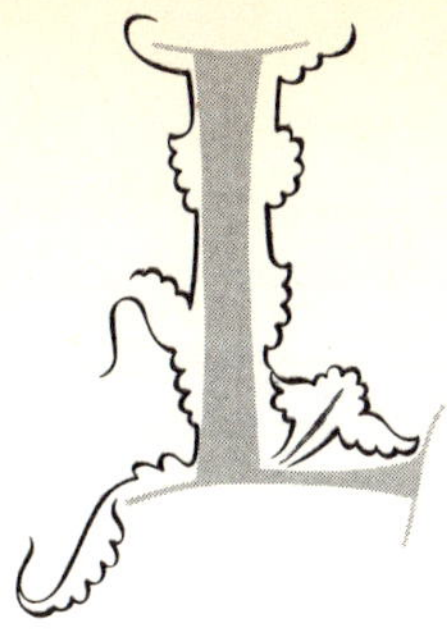

laberinto En los sueños el laberinto es la representación de nuestro subconsciente con todas sus dudas, problemas y complicaciones que no sabemos cómo solventar.

Sin embargo, si logramos salir o encontramos un guía que nos muestre el camino, no tardaremos en hallar la solución a lo que tanto nos preocupa.

ladrón Es un sueño angustioso que anuncia un peligro oculto, el temor a perder algo importante, una posición, un empleo, un ser querido o lo que sea.

Si el ladrón lo somos nosotros, es que queremos apoderarnos de algo que no nos pertenece.

lago Un lago es una porción importante de agua que puede contener peces, es decir,

vida. Y la vida a la que se refiere el lago es la de los sentimientos, y cuanto suceda en el algo sucederá con los mismos.
Pescar en el lago indica el deseo de «pescar» pareja.
Si el agua es *clara y tranquila* son sentimientos agradables y felices.
Pero si es *turbia o agitada*, serán sentimientos turbulentos.

lágrimas

En la vida real las lágrimas pueden ser de alegría o de pena, pero en sueños son un buen presagio, pues anuncian que el soñador se verá aliviado de los problemas o la incertidumbre que lo atormentaban.

lámpara

Tanto la *lámpara* como la *linterna* o el *candil* son fuentes de luz; de una luz débil que sin embargo refleja la esperanza de tener las ideas claras y saber cómo debemos actuar.
Pero si la lámpara *se apaga*, puede ser el fin de la esperanza.

laurel

Simboliza la victoria y la inmortalidad.

lavar

Nos lavamos cuando estamos sucios; y esto ocurre con este sueño; que nos sentimos moralmente sucios y queremos deshacernos de un sentimiento de culpabilidad.

leche

Simboliza abundancia, fecundidad y salud, y derramarla equivale a perder dichos bienes.

lengua

La lengua es el instrumento de la palabra, y en sueños nos aclara nuestros problemas de comunicación.

Así, *mordernos la lengua* aconseja cautela con lo que decimos. Una lengua *demasiado grande*, exceso de verborrea; cortada, impotencia; *pegada al paladar*, timidez.

lentes

Soñarnos con lentes, cuando no los usamos nos advierte que debemos corregir nuestra visión de las cosas y acontecimientos.

Si los lentes están *sucios o defectuosos*, es que no vemos claras las intenciones o sentimientos de los demás.

león

El león simboliza el éxito y el triunfo, pero también el poder, el orgullo y el uso de la fuerza.

Si lo soñamos *tumbado al sol*, nos dice que gozamos de un perfecto dominio de nuestras energías y potencias instintivas o que nos veremos apoyados por personas influyentes.

Enfurecido, advierte del peligro de usar nuestra fuerza de forma tiránica y cruel, o del poder de nuestros enemigos.

Enjaulado, que debemos controlar nuestros instintos o que nuestros enemigos nada pueden contra nosotros. El conjunto del sueño aclarará cuál es la acepción correcta.

leopardo Simboliza el valor y la rapidez, pero también la traición.

libros Los libros que aparecen en nuestros sueños son un reflejo o un recuerdo de circunstancias de nuestra vida.
Un libro *polvoriento* incita al soñador a que recupere proyectos olvidados que el títulos del libro ayudará a reconocer.
Un libro al que le *faltan páginas* aconseja revisar pasajes olvidados de nuestro pasado que pueden ser importantes para comprender circunstancias actuales.
También la *librería* es importante, pues según lo llena o vacía que esté revelará nuestro interés o abandono por nuestra formación cultural.

licores Los licores son bebidas alcohólicas, cuya definición más gráfica es la del aguardiente, agua de fuego; lo que equivale a pasiones y emociones desatadas.
Por ello es un sueño que recomienda prudencia sentimental, especialmente si nos soñamos embriagados.

limones Simboliza aquellos momentos amargos de la vida, que pueden servir de lección para el futuro.

lirio Su significado depende del color, pues aún cuando se le considera símbolo de la pureza, esto solo es cierto con los lirios blancos, mientras que los de colores adoptan el simbolismo propio de cada color.

llave Su función es la de abrir y cerrar, y en los sueños este simbolismo tanto se refiere a lo material o emotivo como a lo espiritual.

Cuando la llave está *en buen estado* nos posibilita la entrada a una situación nueva, a nuevos conocimientos y experiencias o a una iniciación espiritual.

Si la llave está *oxidada o en mal estado* pronostica dificultades en lograrlo.

No lograr abrir es la imposibilidad de realización; y cerrar, depende de que estemos dentro o fuera; si estamos *dentro* queremos evitar que nadie entre en nuestro dominio secreto; y si estamos *fuera*, nos negamos a aceptar una oportunidad.

lluvia La lluvia es un agua que cae del cielo, por lo que los sueños de lluvia simbolizan la purificación de los sentimientos, pero también fecundidad y abundancia. El mejor sueño es el de una *lluvia suave y prolongada*, mientras que una *lluvia torrencial* puede augurar la necesidad de solventar problemas y obstáculos antes de lograr sus beneficios, e incluso a veces anuncia un desastre.

lobo Simboliza la ferocidad y la crueldad.

lodo El lodo ensucia cuanto toca, lo que presagia la caída en las bajas pasiones y en la inmoralidad.
Pero debemos tener en cuenta que en su origen era el mismo *barro* que sirve para modelar, y al que puede volver a transformarse si se elimina el exceso de agua; lo que nos revela que si nos lo proponemos y sabemos eliminar el exceso de bajos sentimientos será posible regenerarse.

loro Presagia murmuraciones y comadreos.

luciérnaga Soñar con una luciérnaga siempre presagia esperanzas cumplidas; pero a la vez nos recuerda que en el más insignificante de los seres puede existir algo de luz, o lo que es lo mismo, de espiritualidad.

Luna En sueños la Luna se relaciona con lo femenino, la imaginación, el amor y el romanticismo, por lo que los sentimientos que acompañan al sueño son determinantes.

Cuando son *agradables* indica un amor naciente si la vemos en *cuarto creciente*; la plenitud amorosa en Luna *llena* y un amor reposado en *cuarto menguante*, si es Luna *nueva*, a la carencia de amor.

Pero si los sentimientos son *tristes*, se referirá a la nostalgia de amores pasados. Y cuando una *nube oculta la Luna*, augura problemas sentimentales.

luz La cantidad de luz que ilumina nuestros sueños les otorga un significado especial.

Si domina la claridad, presagia que veremos clara la resolución de los problemas, por serios que sean, que el sueño anuncia, o mejora sus buenos augurios.

Una luz *escasa o molesta* denuncia falta de confianza.

Y si en la oscuridad aparece un *rayo de luz*, es que todavía quedan esperanzas.

madre Es un sueño que denota un estado de ansiedad, aún cuando su interpretación depende de la relación soñada con la madre.

Soñar que *nos peleamos* con nuestra madre revela el deseo de huir de su excesiva tutela.

Si *nos llama*, es que existe un sentimiento de culpabilidad.

Si se muestra *severa*, es que en el fondo reconocemos que nuestro comportamiento actual es injusto.

Estar a su lado es el deseo de recuperar vivencias de la infancia.

maletas *Hacer las maletas* revela deseo o necesidad de huir de algo.

Si *perdemos la maleta* es que sospe-

chamos de alguien que desea aprovecharse de nosotros.
Si resulta *muy pesada*, es que deseamos huir de alguna culpa que nos atormenta y no sabemos como eludir.

malva Salud y prosperidad.

manchas Las manchas son indicio de suciedad o impureza, incluso en sueños. Pero en estos últimos, su mensaje reside en su origen.
De *aceite* revelará el empleo de malas artes para conseguir beneficios materiales.
De *lodo*, el peligro de dejarnos llevar por las bajas pasiones.
Y así en todo lo demás.

manos Las manos simbolizan nuestro medios de acción, por ello, en sueños nos revelan cómo actuamos.
Grandes y fuertes, éxito y progreso; *pequeñas y débiles*, inseguridad y fracaso; *limpias*, éxito merecido; *negras*, éxito difícil; *sucias*, inmoralidad, etc.

manzanas Como la mayoría de las frutas, simboliza el goce de los placeres terrenales si está *madura*; pero si está *verde* será difícil conseguirlo, y si está *pasada* hemos perdido la oportunidad.

maquillaje El maquillaje encierra dos significados distintos, según las circunstancias del sueño, o que deseamos ocultar nuestras imperfecciones, o que disimulamos nuestras intenciones.

Pero si vemos maquillar a otra persona, es que quiere engañarnos.

mar El mar de nuestros sueños se refiere a emociones, sentimientos e instintos primordiales que habitan nuestro subconsciente. Por ello, la interpretación de dichos sueños es casi literal. Un mar *tranquilo y calmado* refleja que nuestra vida interior también lo está.

Si está *agitado y tempestuoso*, debemos vigilar nuestras pasiones e instintos que amenazan ocasionarnos problemas.

Si nos dejamos hundir, es el peor presagio, pues equivale a dejarnos arrebatar por la pasión, causando nuestra perdición.

margaritas Son una promesa de amor incipiente.

mariposa En la mariposa existen dos simbolismos extremos, el del «mariposeo» y el de la transformación y el renacimiento.

Por lo general, ver en sueños a una mariposa nos advierte contra nuestra ligeraza, cuya causa nos revelará el (o los)

colores de sus alas; *blancas*, candidez; *amarillas*, falta de conocimientos; *rojas*, la pasión, y así con todos los colores.
Pero en personas evolucionadas puede revelar que está iniciando una transformación capaz de elevarles a un nivel de conciencia.

mariquita Buenas noticias.

máscara Portar una máscara revela en quien la lleva deseo de ocultar algo a los demás, seguramente con malas intenciones.
Sin embargo, debemos distinguir el *antifaz*, que sólo oculta, y la *máscara*, que esconde mala fe.

matar En sueños matar equivale a querer eliminar, a hacer desaparecer; ya sea alguien que nos está incordiando, o un animal, cuyo simbolismo nos revelará lo que deseamos eliminar de nuestra vida.

matrimonio En realidad, el matrimonio soñado se refiere a la integración del psiquismo entre sus componentes masculinos y femeninos, conscientes e inconscientes que conforman la personalidad.
Por ello es un sueño relativamente frecuente en la adolescencia por revelar el deseo de consolidar la personalidad.

médico Cuando soñamos con un médico es que existen preocupaciones sobre la salud del cuerpo o del alma.

Si el médico nos ausculta es una esperanza sobre el alivio de los problemas.

Si esperamos al médico y *se retrasa o no aparece*, es que todavía no hay posibilidades de mejoría por causas que revelará el contexto del sueño.

En cuanto a la toma de *los medicamentos* recetados, nos da la seguridad de que solucionaremos todos los problemas, físicos y psíquicos.

mejillas Se refieren a la salud, por lo que si las soñamos *tersas y suaves* anuncian buena salud, pero si son *pálidas y demacradas*, peligro de enfermedad.

mejorana Simboliza el consuelo.

melocotonero Presagia protección y ayuda, pero si además está *florido* añade felicidad, y cargado de *melocotones*, prosperidad.

mendigo Es un mal sueño que siempre presagia problemas y dificultades, especialmente si el mendigo somos nosotros.

mercado El mercado es un lugar lleno de vida, mercancías y encuentros. Por ello, soñar que nos limitamos a contemplarlo es un mensaje de reflexión acerca de cuáles son nuestras necesidades.

Si compramos algo, el simbolismo de lo adquirido nos informará sobre nuestras necesidades concretas. Si no hallamos lo que buscamos, es que todavía necesitamos concretar y perfeccionar nuestros proyectos.

mesa En sueños, la mesa simboliza nuestras relaciones familiares y sociales, por tanto, cuanto suceda en y alrededor de la mesa puede aplicarse a las mismas.

Una mesa *bien provista* de alimentos y comensales refleja la unión familiar y una riqueza que dependerá de las viandas presentes.

Vacía, nuestras relaciones familiares no son todo lo buenas que desearíamos.

metro Si un automóvil refleja un viaje por tierra, una etapa consciente de la vida, el metro lo es por debajo, por el subconsciente. Y lo que ocurra en el metro nos ilustrará sobre los meandros y problemas de nuestro subconsciente.

miel Es otro de los símbolos de riqueza.

mimosa Expresa sensibilidad y melancolía.

mina Las minas simbolizan las riquezas ocultas, las que todavía no han salido a la luz, sean materiales, intelectuales o espirituales.

molino Los molinos auguran riqueza, real si trabajan potencial si están parados.

monos Simbolizan nuestra naturaleza instintiva, por lo que su mensaje es que procuremos dominarla; pero también nos advierte que no nos limitemos a imitar lo que hacen los demás.

montaña Los sueños en que aparecen montañas o las escalamos siempre reflejan el deseo de alcanzar un objetivo, y las dificultades que se presenten o las ayudas que recibamos nos orientarán sobre los problemas o facilidades que encontraremos.

mudanza Los sueños de mudanzas anuncian un cambio en la vida; sin embargo, por lo general una mudanza es como un renacer en otro lugar, y por lo tanto un sueño favorable, a menos que los sentimientos que despierte sean desagradables.

muérdago Simboliza la regeneración, fortaleza y vitalidad; por lo que soñarlo se considera un magnífico presagio.

muerte Lo que muere es algo que desaparece de nuestra vida, y éste es el significado de los sueños de *muerte*, en los que el simbolismo de lo que muere nos revela lo que desaparecerá de nuestra vida.

Pero los sueños en que el muerto somos *nosotros* se refieren a sentimientos, cualidades o defectos moribundos, que no tardarán en desaparecer.

Un caso aparte son los sueños de muerte en la vejez, que son como una forma inconsciente de acostumbrarnos a su inevitabilidad.

mula Lo sueños en que aparecen mulas u otros animales de tiro se refieren a nuestras energías.

Según sea la mula, *fuerte o débil*, *sana o enferma*, *dócil o resabiada*, sabremos cuáles son los medios de que disponemos para lograr nuestros objetivos y la calidad de los mismos.

muletas Es un sueño que revela falta de confianza en las propias posibilidades y la necesidad de una ayuda para seguir adelante.

Si en el sueño *abandonamos las muletas*, es que pronto recuperaremos la confianza y seguridad perdidas.

multitud Soñar que *estamos rodeados* de una

multitud revela debilidad de carácter y timidez. Si la soñamos sin *estar dentro* de la misma, suele anunciar malas noticias, especialmente si la gente va vestida de negro.

muñecas

Soñar con muñecas revela nostalgia de la niñez.

muro

Tanto el *muro* como la *muralla* simbolizan obstáculos o protección.

Si estamos fuera, es un obstáculo y el que lo superemos o no nos revelará el sentido del sueño.

Si estamos *dentro*, la calidad de su protección dependerá de la del muro, siendo el peor presagio si se nos cae encima o está *en ruinas*.

nacimiento Los sueños en los que se celebra un nacimiento informan que algo ha nacido o nacerá; ya sea una amista, un sentimiento, un negocio o cualquier otra cosa de carácter personal.

nadar Al simbolizar el agua los sentimientos, emociones y pasiones, los sueños de nadar nos revelan cómo nos desenvolveremos en el terreno de los sentimientos y deseos.

Si nadamos con facilidad y agradablemente, lograremos fácilmente el amor o el éxito que deseamos, cuyo alcance será mayor si nadamos en el mar y menor si es un lago o río.

Si nos ahogamos, fracasaremos, y si estamos *aprendiendo a nadar*, es que nos falta mucho para saber dominar nuestras ambiciones y deseos. También el estado del agua es importante (ver también *agua* y *mar*).

naipes Soñar con naipes es un mensaje del subconsciente para que hagamos un uso racional de nuestros medios y aptitudes: que sepamos «poner las cartas sobre la mesa» en lugar de «construir castillos de naipes», pues de lo contrario nos esperan pérdidas y decepciones.

naranjo Como todos los árboles frutales, un naranjo cargado de frutos presagia fortuna y bienestar.

Separadamente, *las flores* simbolizan el amor puro y las naranjas el amor apasionado y una buena descendencia.

narciso El narciso es una planta que necesita mucha humedad para desarrollarse, por lo que su simbolismo se relaciona con las emociones y sentimientos; pero además, por su pistilo fálico y su fuerte y sensual aroma, hace que sea la planta de las tentaciones y la fecundidad.

Otro de sus simbolismos es el del narcisismo, el ver reflejada en las aguas nuestra personalidad profunda.

Cuál de ambos simbolismos debe aplicarse en cada caso dependerá del contexto del sueño y las emociones que despierte.

navajas Soñar con navajas posee dos acepciones muy distintas según se trate de una navaja de afeitar o de un arma blanca. La *navaja de afeitar* implica una voluntad de sincerarse, mientras que *arma blanca* presagia violencias relacionadas con motivos pasionales.

negro Existen dos clases de negro, el que es *la negación del color* y simboliza todo lo malo, siniestro y tenebroso, e incluso la muerte, y el negro *suma y resumen de todos los colores*, símbolo del caos original del que nació el universo.
En sueños el primero anuncia lo peor, mientras que el segundo presagia recuperación y nuevas oportunidades.

nido Simboliza el hogar; por lo que soñarlo *lleno* presagia felicidad hogareña, y *vacío* soledad y falta de amor.
Cuando contiene algún *animal* distinto al que debería, hay que buscar el simbolismo del mismo; así por ejemplo, si contiene cuervos anuncia calamidades, y si serpientes, traiciones.

niebla Los sueños de niebla llenan de angustia, porque no vemos dónde estamos y

todo resulta confuso. Si nos hallamos en la niebla *sin saber el porqué*, nos informa que estamos mezclados en algo turbio, confuso e inconfensable.
Si hemos entrado *voluntariamente*, revela el deseo de ocultar algo a los demás. Si la niebla se *disipa*, la situación se aclara, si *no*, la solución no se divisa.

nieve

La nieve es frío, soledad y carencia de vida, y como la nieve y el hielo son *agua helada*, son los sentimientos los que carecen de correspondencia, calor y vida.
Pero si lo que soñamos es un plácido *paisaje invernal* cubierto de nieve, es un sueño de abundancia.

niños

El niño que *vemos* en sueños es un ser inmaduro que existe, pero ha de crecer y desarrollarse.
Por ello suele ser un presagio positivo, que simboliza el inicio de la madurez interior, el buen desarrollo de un proyecto, negocio, sentimiento, embarazo o lo que tenga entre manos, según las circunstancias del soñador.
Pero cuando *nos vemos* como niños, es un sueño de regresión que nos advierte para que no volvamos al estadio infantil, que no huyamos de las responsabilidades de la vida.

norte Ver *orientación*.

nubes Si la niebla nos impedía ver nuestro alrededor, las nubes nos impiden ver el cielo, y pueden amenazar una tormenta. Por ello, soñar nubes anuncia que nuestra situación actual es de incertidumbre y espera para ver lo que pasa y su amenaza será proporcional a su tamaño y negrura. Por lo general esta situación es generada por errores del pasado. Pero *si las nubes se despejan* y empieza a lucir el Sol, es que finalizan las dudas y podemos reiniciar las cosas.

nudos En sueños los nudos simbolizan que nos hallamos atados, incapacitados para hacer algo.

Si estamos *atados a otra persona o cosa*, revela que nos hallamos atados a lo que simbolice.

Deshacer los nudos equivale a recuperar la libertad de acción.

Pero cuando se trata de una cuerda con *una serie de nudos*, se convierte en un círculo cerrado adquiriendo el simbolismo del *anillo*, es decir, de unión y protección.

nueces Al igual que las almendras y demás frutas apetecibles cubiertas por una dura cáscara, las nueces simbolizan un

deseable objetivo que conseguiremos tras vencer ciertas dificultades.
Por su forma interna, generalmente es un objetivo intelectual.

océano Su simbolismo es el mismo del *mar*.

oca En sueños, *la oca, el pato y el cisne*, poseen el mismo simbolismo, por lo que lo dicho para uno sirve para los tres.

Ver volar una oca anuncia buenas noticias pero *comer una oca* revela felicidad hogareña, y *si la oímos graznar*, nos advierte de un posible peligro.

oeste Ver *orientación*.

ojos Soñar que padecemos *problemas visuales* que nos impiden ver bien revela falta de discernimiento, que no vemos las cosas como son, o que no queremos verlas.

Si estamos *ciegos o con los ojos vendados*, revela impotencia; pero si acudi-

mos al oculista, es que necesitamos ayuda. Cuando en el sueño sentimos que *nos miran* de todas partes, revela que nos sentimos culpables de algo.
Y si nos soñamos con *una vista muy aguda*, es que poseemos claridad de ideas y una visión profunda de las cosas.

olivo

Es uno de los árboles que auguran mayores beneficios en todos los aspectos, desde el tradicional, de paz, al de riqueza.
En cuando a las *olivas*, su simbolismo es similar (ver *aceite*).

operación

Solo se recurre a la cirugía cuando la medicina se ve incapaz de evitar que el mal se extienda y destruya al organismo.
En sueños, una operación es la advertencia de que en nosotros existe algo que de no eliminarlo es capaz de destruir nuestra vida. De qué se trata nos lo revelará el simbolismo del órgano operado (ver *enfermedad*).

orejas

Las orejas son un órgano receptor de los sonidos, pero también de la orientación. En sueños a veces adquieren este sentido pasivo aplicado a la feminidad, en cuyo caso soñarnos con hermosas orejas revela una vida de pareja feliz; o desgraciadas si las soñamos deformes.

Sin embargo, también poseen otros significados que las locuciones populares nos revelan; «*aguzar la oreja*», no aconseja prestar más atención a las cosas; «*orejas de asno*», nos advierte contra la tontería y la vanidad; «*un tirón de orejas*», es una advertencia de que nos equivocamos, etc.

orientación Para saber hacia donde debemos ir, es necesario orientarse, saber qué dirección debemos tomar, y en los sueños, cada uno de los puntos cardinales posee su simbolismo propio.

El día nace por el este y muere por el oeste, o lo que es lo mismo, *el este* es el origen, el nacimiento, la luz y la espiritualidad, mientras que *el oeste* es el destino, la muerte, la oscuridad y el materialismo.

En nuestra cultura occidental, *el norte* es el camino seguro, el que conduce arriba, al Cielo, hacia fuera, la extroversión, mientras que *el sur* conduce abajo, al Infierno, hacia adentro, a la introversión.

orinar Excepto en el caso de que responda a una necesidad biológica, es un sueño

de un simbolismo grosero pero expresivo.
No poder orinar por impedimentos externos es un mensaje de paciencia, de que ya llegarán las oportunidades, pero si es *por la presencia de otras personas*, además nos dice que a veces es mejor dejar el pudor aparte.
Orinar ante otra persona manifiesta un desprecio hacia la misma que no se es capaz de expresar en la vida real.

oro El simbolismo del oro se extiende al metal y al color dorado; como *luz dorada* es el mejor indicio de elevación espiritual, y como *metal* es un buen presagio de bienestar y provecho *si lo hallamos* sin buscarlo, pero si soñamos que *lo estamos fabricando* revela falsas ambiciones y lo mismo ocurre si lo estamos buscando.
Pero cuando lo soñamos en forma de *monedas* sólo se trata de un sueño de *dinero*.

osos Dos son los simbolismos del oso, el del osito y el del animal adulto.
Como *osito* revela la nostalgia de la protección, dulzura y caricias maternales de la infancia.
Como *oso adulto* simboliza las pulsiones instintivas e incontroladas, pero

también aquellos enemigos crueles y poderosos de los que sólo escapamos gracias a su torpeza y falta de inteligencia.

ostras Auguran placeres y el deseo de riquezas.

otoño Soñar que estamos en otoño adquiere su importancia en la edad madura, y es el reflejo de que somos conscientes de que ya estamos en el declinar, en el otoño de la vida.

padre Los sueños en los que aparece el padre revelan cómo reaccionamos ante la autoridad y la necesidad de ayuda y protección.

Si el padre aparece *amistoso y benévolo*, tanto puede significar buenas relaciones con los superiores como necesidad de protección.

Serio y amenazador, refleja temor o sentimiento de culpabilidad.

Lo que nos diga el padre ayudará a la comprensión del sueño.

pájaros En sueños los pájaros simbolizan la libertad.

Ver pájaros volando es un buen augurio sobre nuestra libertad de acción.

Enjaulados, revelan las limitaciones de nuestra libertad, y *si además la jaula* es tan estrecha que les impide volar, es

que estamos dominados por ideas fijas que nos impiden pensar con claridad. Y si los vemos en plena *emigración*, también nosotros deseamos un cambio en nuestra situación.
Un pájaro *herido o en mal estado* revela que nuestras aspiraciones son prematuras y debemos reflexionar qué existe de erróneo en nuestros planes.

paloma

Simboliza la paz, el amor, la ternura y la felicidad, aunque en los sueños domina siempre lo amoroso.
Por ello, *soñar con palomas* siempre es un buen presagio para nuestros asuntos sentimentales, excepto si deseamos cogerla y *se nos escapa*, en cuyo caso es una amor que no conseguimos.

pan

El pan simboliza la riqueza indispensable para vivir, por lo que *soñarlo* indica que si bien no seremos ricos, nunca nos faltará lo indispensable.
Pero *si el pan es duro* y no puede comerse, invita a reflexionar por qué no sabemos sacar provecho a nuestro trabajo.

pantalones

Los pantalones simbolizan el poder y la autoridad; como refleja la locución de «llevar los pantalones».
Si soñamos que nuestros pantalones *los lleva otra persona*, refleja el temor

de que se apodere de nuestra autoridad, ya sea en casa (si es un familiar), en el trabajo (si es un compañero) o en la sociedad (si es un amigo o un desconocido).

Si soñamos que los pantalones nos quedan *grandes o pequeños*, es que nuestras responsabilidades son excesivas o tememos no estar a la altura de las circunstancias.

pantano El agua del pantano es quieta, pútrida e inquietante y en sueños nos advierte de la necesidad de un buen drenaje de nuestro psiquismo para eliminar los malos sentimientos y los miasmas psicológicos que contiene. El peor sueño es *hundirse* en el pantano.

pantera Simboliza el deseo sexual asociado al temor y la violencia.

papel Ya hemos estudiado el papel en sus formas de *libros*, *diarios* y *cartas*, por lo que ahora sólo nos referimos al *papel* en forma de hojas, que por su ligeraza y fragilidad nos informa que sus augurios serán de poca importancia.

El papel *escrito* indica inquietudes e incertidumbres, que vendrán definidas por el color del papel, y lo mismo sucede en menor escala si no está escrito.

En las otras clases de papel, su definición revela su significado; *papel de envolver*, para ocultar lo que envolvemos; *papel higiénico*, para ocultar la riqueza; etc.

paquete Su simbolismo es el mismo de la caja.

paraguas Soñar que nos cobijamos bajo un paraguas revela el deseo de eludir las responsabilidades de la vida, especialmente de las sentimentales.

parálisis Es un sueño angustioso que revela la imposibilidad de resolver una situación o problema importante, por lo que debemos resignarnos ante lo inevitable.

parásitos Los parásitos que viven a nuestras expensas y nos causan continuas molestias, tanto pueden referirse a personas que quieren aprovecharse de nosotros como a la existencia de sentimientos e ideas peligrosas.

Cuando usamos un desinfectante, es la seguridad de sacudirnos su perniciosa influencia.

pardo Es el color de la tierra y refleja el deseo de una vida natural.

parto Es un sueño que revela que algo se está gestando y pugna por convertirse en realidad, por lo general serán proyectos, sentimientos o una nueva etapa en la vida.

Si el parto es feliz, también lo será lo que nace, y si el parto va mal lo que estábamos gestando no tendrá éxito.

pasaporte Cuando en la vida existen problemas y dificultades, soñar que poseemos un pasaporte o nos lo conceden nos augura que tenemos el camino libre, que no tardaremos en salir de apuros.

pastor Su simbolismo es vidente, pues el pastor conduce, guía y protege al ganado. Del mismo modo, soñar que somos un pastor revela nuestra ambición de dirigir a los demás.

patinar Es una advertencia de que en la vida real nos hallamos en un terreno resbaladizo, en unas circunstancias difíciles en las que hay que extremar las precauciones.

pavo real Simboliza la vanidad y el orgullo

peces Soñar con un pez de *gran tamaño* es la advertencia de que nos amenaza una gran peligro, mientras que si se trata de peces *pequeños* el significado es muy diverso, pues si vemos un solo pez nos habla de soledad, y si lo vemos escondiéndose entre las rocas revela el deseo de huir de los problemas; si son *varios* e intentamos cogerlos, pero se *nos escapan*, son desilusiones sentimentales.

peine

El peine soñado no sirve para peinar los cabellos, sino lo que está debajo, es decir nos invita a desenmarañar y poner en orden nuestras ideas y sentimientos.

pelotas

Cuando en un sueño aparecen pelotas, tanto puede ser una forma de decirnos que no hagamos más el crío como poseer connotaciones sexuales.

Pero si soñamos que *nos echan una pelota o un balón*, es una advertencia para que sepamos cogerla al vuelo, que sepamos aprovechar una oportunidad que se presenta; que aprovecharemos *si la cogemos* o devolvemos correctamente el balón, y la perderemos *si no lo hacemos*.

peral

Como todos los árboles frutales, simboliza riqueza y abundancia de acuerdo con su aspecto y frondosidad.

Las peras, tanto por su forma como por su jugosidad y dulzura, poseen connotaciones sexuales.

pérdidas Es un sueño que depende de los sentimientos que despierte, pero si son *agradables* revela el deseo de eliminar algo que vendrá representado por lo que perdemos; mientras que si son *desagradables* es un sentimiento de frustración por no haber conseguido lo que el objeto simbolizaba.

perdíz Simboliza la tentación y la concupiscencia.

perla Soñar con perlas (excepto si están engarzadas, en cuyo caso es un *collar*) reflejan el deseo o la premoción de un amor puro y sincero.

perro Tanto el gato como el perro son animales domésticos por excelencia; pero el simbolismo de este último es mucho más complejo, pues además de ser un fiel servidor se refiere a nuestro mundo instintivo.

El mejor sueño es aquel en que lo vemos *reposando tranquilo* a nuestros pies, lo que revela un perfecto dominio de nuestros instintos y que gozamos de afecto y protección.

Si *nos sigue* un perro, anuncia nuevas amistades, que serán buenas o malas según lo veamos amistoso o amenazador.

Ver u oír *una riña de perros* nos advierte que tendremos problemas, y si es uno solo que está *aullando*, la proximidad de un serio peligro, e incluso una muerte en nuestro entorno cercano.

piedras

En los sueños las piedras siempre representan obstáculos cuya importancia está en relación con su tamaño.
Caminar sobre piedras nos anuncia un cambio de situación que resultará difícil y penoso. Y por último, ver una piedras que se va *disgregando* es un mal presagio sobre la solidez de algo nuestro, ya sean sentimientos, negocios o incluso sobre una enfermedad.

piedras preciosas

Genéricamente, las piedras preciosas simbolizan el alma humana, que de lo más imperfecto es capaz de ir puliéndose hasta alcanzar la perfección.
Sin embargo, las piedras preciosas más importantes poseen su simbolismo particular que detallamos en el nombre de cada una de ellas.
Talladas y engarzadas se convierten en *joyas*.

piel

La piel es una protección contra el exterior, a la vez que refleja la salud del cuerpo.
Soñar que nuestra piel está *arrugada*

manifiesta nuestro temor a la vejez y sus achaques, mientras que cuando aparecen *imperfecciones* graves nos advierte que debemos modificar nuestro comportamiento con quienes nos rodean.

piernas

Los sueños en que prestamos especial atención a las piernas nos informan sobre la marcha de nuestra vida. Soñar que *nos faltan* las piernas revela que no estamos capacitados para lo que deseamos emprender, mientras que si quien carece de piernas es *otra persona*, es que su valía es mucho menor de la que le habíamos otorgado.
Del mismo modo interpretaremos otras características, como el tamaño, defectos o cualidades aparentes.

pino

Al ser un *árbol de hoja perenne* simboliza la longevidad, mientras que *la piña* simboliza la fecundidad y la resistencia.

plata

La correspondencia analógica de la plata con la Luna hace que la consideremos femenina; y por su color blanco brillante de benéfica cualidad, que sólo perderá si la soñamos ennegrecida.
Soñar con *plata limpia* augura beneficios a través de una mujer, mientras que

si está *ennegrecida* serán perjuicios por la misma causa.
Al igual que sucedía con el oro, cuando la soñamos, en forma de *monedas* adquiere su significado.

plátano Por su forma, dulzura y procedencia de países cálidos, el plátano es un típico símbolo sexual masculino.

playa Soñar con una playa *vacía* revela el deseo de una tranquila relajación; mientras que si está *llena* de gente, el deseo de relacionarnos socialmente.

plumas Por su ligereza, ver volar plumas revela la elevación y ligereza de nuestro espíritu.
Pero también debemos tener en cuenta su color, que nos aclarará más detalles.

policía Cuando soñamos con la policía sin causas justificadas se ha de considerar como una advertencia a la prudencia, pero si *nos detiene* es que tenemos algún conflicto interno que requiere urgente resolución, ya sea personalmente o con ayuda de un psicoanalista.

polvo Como vimos al analizar las piedras, cuando éstas se disgregan significa que algo nuestro también lo hace, y el má-

ximo de disgregación que pueden alcanzar es convertirse en polvo.
Por ello, soñar con polvo simboliza la muerte de algo nuestro, posesiones, negocios, riqueza...

primavera La primavera, como las golondrinas, anuncia la llegada del buen tiempo, que finalizó el invierno; por ello en sueños anuncia el fin de problemas, obstáculos o dificultades.

proceso Los procesos soñados se refieren a la culpabilidad psíquica del soñador, y por ello el papel desempeñado nos dirá si nos acusamos, defendemos o juzgamos.
Es importante examinar atentamente los detalles del proceso, pues indicarán las causas de los problemas psicológicos e incluso a veces cómo se podrán solucionar.

puente En sueños, un puente simboliza la posibilidad de marchar de un lugar o situación en el que nada nos retiene a otro lugar o situación que consideraremos más favorable.
Si *no nos atrevemos a cruzar el puente, o el puente está roto*, nos augura que nuestra situación seguirá deteriorándose sin poder hacer nada para evitar-

lo. Si el puente es *amplio y sólido* el presagio no puede ser más favorable, pero *de no ser así*, el estado del puente nos informará de las dificultades a las que deberemos enfrentarnos.

puerta La puerta es un lugar de paso que debe franquearse; y en sueños la necesidad de pasar de una situación a otra.
Si la puerta *está abierta* es que debemos seguir adelante, y lo que veamos al cruzarla nos indicará si será para bien o para mal.
Si está abierta pero es muy *estrecha* o presenta dificultades para franquearla, revela que tendremos que moderar nuestras ambiciones o hacer unos sacrificios proporcionales a la dificultad.
Si está *cerrada* es que todavía no es el momento de tomar decisiones.

puerto Tanto en la vida real como en los sueños, un puerto es el inicio o el fin de un viaje, de una etapa de la vida.
Si lo vemos *al partir*, es el inicio de un cambio importante, pero si lo vemos *al llegar*, es el fin de una etapa y la consolidación del cambio.

puñal Las armas blancas cortas, entre las que podemos clasificar al cuchillo, el puñal y la daga, siempre implican violencia en distintos grados. El cuchillo en su forma más vulgar, refleja temor u odio que finaliza en violencia; generalmente, peleas conyugales o pasionales.

El *puñal* es la violencia traicionera; y la *daga* posee un sentido intermedio entre la espada y el puñal, pues siendo arma de caballeros también sirve para atacar a traición.

púrpura Simboliza la dignidad, el triunfo y los honores.

ranas Dos son los simbolismos de la rana; por un lado, su aspecto semejante al sapo y su insistente croar que llega a hacerse insoportable; por el otro, su proceso evolutivo que la transforma de renacuajo en rana.

Por su aspecto y croar, cuando el sueño resulta *desagradable* anuncia una compañía o vecindad desagradable que no podremos evitar; cuando el sueño es *agradable* anuncia que estamos a punto de sufrir una íntima transformación que nos hará madurar.

ratas y ratones Soñar con *ratones* anuncia pequeñas irregularidades o problemas psíquicos de los que ni siquiera somos conscientes.

Soñar con *ratas* es más grave, pues revela que algo nos roe por dentro; que la conciencia nos acusa de algún acto reprobable.

rayo Como en la vida real, el rayo es algo súbito, brutal e inesperado que transforma casi siempre para mal la vida del soñador.

realeza En los sueños, la realeza simboliza el poder y la autoridad, por lo que soñar a *alguien* convertido en rey o reina es reconocer su autoridad y poder de decisión sobre nosotros.

Si los soberanos somos *nosotros*, revela nuestra ambición o que hemos llegado a la máxima cota a que podemos aspirar en nuestra vida.

rebajas Ira a comprar en las rebajas, en que lo que se ofrece está revuelto y a bajo precios, nos revela que debemos poner orden a nuestra mente o sentimientos y ubicar en el lugar que le corresponde a todo aquello que ha perdido todo o parte del valor que le habíamos atribuido.

red La red es un artilugio en el que se aprisiona al pez para capturarlo cómodamente.

En sueños, *verse aprisionado* en una red revela que nos hallamos atrapados

en la redes de un vicio, defecto o mala costumbre de los que sólo podremos librarnos si logramos romperla o escapar de la misma.
Pero *si somos nosotros lo que lanzamos la red*, se convierte en un sueño de *pescar*.

relámpago Si el rayo era algo brutal e inesperado capaz de transformarlo todo, el relámpago es una advertencia de que esto puede suceder a causa de nuestros errores o imprudencias, por lo que debemos analizar y prevenir lo que puede pasar.

reloj En sueños el reloj simboliza la evolución y ritmo de nuestra vida.
Soñar que se nos ha *parado* el reloj es mal augurio, ya sea para los negocios o nuestra salud.
Si el reloj *adelanta* nos dice que no queramos ir tan deprisa, pues podemos poner en peligro aquello que tenemos entre manos, y quizás también la salud.
Si está *atrasado*, es que debemos espabilarnos si no queremos perder el ritmo y vernos superados por las circunstancias.

retraso Soñar que llegamos con retraso a algún sitio, especialmente si es un medio de transporte, es una advertencia de que estamos dejando escapar alguna oportunidad ya sea por falta de ambición, iniciativa o por sentimientos contradictorios.

Es necesario analizar en el mismo sueño las causas de nuestro retraso y los sentimientos que lo acompañan serán significativos; pues si son alegres o agradables, lo más seguro es que dicho retraso sea una invitación a evitar un encuentro o una situación aparentemente positivas, que luego resultarían perjudiciales.

retrete Los sueños en que aparece el retrete o el cuarto de baño son bastante frecuentes y simbolizan la necesidad de eliminar lo que ya no sirve; ya sea un pasado, un sentimiento, un remordimiento, una inhibición o cualquier cosa que impedía nuestra normalidad física o psíquica.

rezar En sueños rezar equivale a pedir; ya sea la eliminación de una culpabilidad o una ayuda en una situación comprometida.

riñones Simbolizan el poder y la fuerza, y lo que en el sueño les ocurra es lo que le sucederá a estas cualidades.

río Decía el poeta que «nuestras vidas son ríos que van a dar a la mar», y éste es el simbolismo del río, nuestra vida, por lo que según veamos al río soñado sabremos, cómo discurre nuestra vida.

Si lo vemos fluyendo *tranquilo*, es que las cosas van bien, si baja *tumultuoso*, también lo será nuestra vida; si se *desborda*, la ruina y el desastre; y así en todo.

rocío Es el mejor augurio de suerte y fertilidad.

rodillas Simbolizan el orgullo y posición social; por ello, tanto en sueños como en la vida real, doblar la rodilla equivale a sumisión.

Lo que le suceda en sueños a nuestras rodillas es lo que le sucederá a nuestra posición social.

rojo Es el color de la sangre, del fuego, la pasión y la guerra.

romper Soñar que rompemos algo o vemos un objeto roto siempre augura rupturas, discordias y peleas, excepto cuando se trata de cosas que indiquen sujeción o dependencia, como los *anillos*; o de *ropas*, en que peligra la reputación de quien las lleva; o de *papeles y docu-*

mentos, que augura el perdón o el olvido de nuestras faltas.

rosa

Cuando en un sueño aparece una rosa, siempre se refiere al amor y a los sentimientos.

Y el color revelará de qué clase de amor se trata; *blanca*, amor puro; *roja*, amor apasionado; *verde*, amor fecundo y esperanzado; *azul*, amor místico; *rosa*, amor sensual, y así sucesivamente.

Pero cuando de la rosa nos llaman la atención sus *espinas*, es la advertencia de que el amor también tiene sus peligros, que dependerán de la clase de amor que se trate y de la personalidad del soñador.

rubí

Es la piedra de la felicidad y el amor apasionado.

rueda

Por su forma *redonda* simboliza dependencia y protección, como el anillo, el collar o el cinturón; cuyos simbolismos adquiere; pero la rueda posee un movimiento especial en el que cada punto tanto está arriba como abajo; es la *rueda del destino*, por lo que le suceda a la rueda nos informa sobre nuestro destino.

ruinas

En los sueños de ruinas existe un mensaje de tristeza, de ruptura, de destrucción y de cosas periclitadas, de un pasado que ya no existe.

Pero a veces es un sueño que se acompaña se sentimientos placenteros, en cuyo caso recuerda que sobre las ruinas del pasado se construye el futuro, y que la vida sigue y puede ser mejor que el pasado.

sacerdote Cuando en los sueños aparece un *sacerdote*, sea de la religión que sea, el mensaje más evidente es que necesitamos confiar nuestros problemas a quien sepa comprendernos y ayudarnos.

Cuando el religioso es un ermitaño revela la necesidad de paz y solitud, e incluso a veces deseo de evolución espiritual.

sal La historia de la sal está ligada a la vida y la muerte, pues sirve para conservar los productos perecederos a la vez que convierte en estéril el terreno donde se derrame, y por si fuera poco, su sabor hace augurar toda clase de amarguras.

Soñar sal revela el deseo de atesorar riquezas, pero por su carácter incorruptible éstas también deben serlo, desde el punto de vista moral y espiritual,

pues de lo contrario sólo nos quedará el sabor amargo de las lágrimas.
Si lo soñado es una *extensión salada*, revela lo estéril de nuestros esfuerzos.

salmón

Por la forma en que lucha contracorriente para alcanzar su meta el salmón simboliza el valor el coraje y la perseverancia.

saltamontes

Los *saltamontes* constituyen una plaga bíblica que anuncia destrucción y muerte; pero *si sólo es uno* se limita a ser un *insecto*, y adquiere su simbolismo.

saltar

Asociados a las imágenes de abismo, caída o precipicio, saltar es un sueño de mal presagio, excepto si es un salto *deportivo*, en el que a la angustia del salto se añade el placer del triunfo.
En los demás casos saltar indica una posición difícil en la que debemos sortear obstáculos en los que arriesgamos mucho, y cuyo resultado dependerá de cómo finalice el salto.

sandía

Como todos los frutos de abundantes semillas, simboliza fertilidad.

sangre

La sangre es energía, física, vital y anímica, pero por su color rojo, también es fuego, ardor y coraje. Pero esto sólo es cierto cuando la vista de la sangre soñada no resulta desagradable, sino más bien incentivadora.

Es un sueño que anuncia dolor y preocupación por la integridad física.

sanguijuela Su simbolismo es tan evidente que no precisa comentarios.

sapo Simboliza lo repugnante, desagradable y molesto.

seda Suele ser un sueño sin importancia a menos que se trate de ropa *interior de seda*, en cuyo caso narcisismo si la prenda es de alguien del mismo sexo, o fetichismo si es del otro sexo.

sello Dejando aparte el *sello de correos*, cuyo simbolismo se corresponde con la carta; dos son las clases de sellos que suelen aparecer en los sueños, el tampón o sello de goma y el sello de lacre. El *tampón* es una forma de refrendar y firmar lo que contiene el documento, lo que simboliza el deber de responsabilizarse de sus opiniones y sentimientos; mientras que el *lacre* es para conservar secreto su contenido, y por ello el mensaje es saber conservar secretos y confidencias.

semillas Al tratar de los frutos que contienen semillas ya hemos resaltado su significado de fertilidad, pues las semillas son un germen de vida que en condiciones adecuadas se desarrollará y fructificará.

Los sueños en los que sembramos son de creatividad, y que las semillas germinen o no determinará que lo creamos, sean bienes, negocios, sentimientos y demás, se conviertan en florecientes o queden en proyectos abortados.

seno Soñar con unos senos suaves y turgentes es un evidente sueño de deseos eróticos y sexuales.

Pero los senos poseen otros simbolismos que sólo el contexto del sueño revelará ya sea de protección, afecto, fecundidad o alimento material o espiritual.

serpiente Con su reptar curvilíneo e insinuante, su lengua bífida y vibrante, su veneno y agresividad, la serpiente es la forma más primaria de la sexualidad. A la vez hombre y mujer, símbolo de muerte y curación, siempre que aparece en sueños debemos analizarlos detenidamente.

Cuando está dormida es que nuestros

instintos se hallan apaciguados y tranquilos.
Si se desliza silenciosa y pacíficamente, es que nuestras fuerzas instintivas se ponen en movimiento posibilitando una evolución positiva, psíquica o espiritual.
Pero si la serpiente se muestra *amenazadora*, es el temor al peligro, a la traición y a los poderes desconocidos.

sexo

No existe nadie que no haya tenido alguna vez sueños sexuales. Lo malo sería no tenerlos, pues revelaría la necesidad de consultar al sexólogo.
Sin embargo, no debemos darles mayor importancia, pues por aberrantes o inmorales que puedan parecer, el subconsciente no entiende de moral y se limita a reflejar de una forma quizás exagerada unas necesidades, deseos o apetencias que no nos atrevemos a manifestar despiertos.

sierra

El simbolismo onírico de la sierra es el mismo del bisturí y el hacha, cortar por lo sano; que hay que eliminar de una vez para siempre algo que puede acarrear malas consecuencias.
Y lo que hay que cortar por lo sano viene revelado por lo que aserramos. Así, si aserramos una mesa es que hay

que terminar definitivamente con un problema de convivencia familiar, o profesional, según el tipo de mesa que se trate.

silla

El simbolismo de la silla, como el de todos los muebles, depende de su función; por ello es evidente que en sueños se refiere a un reposo temporal.

Sentarse u ofrecer una silla es una invitación a hacer un alto en el camino y tomarse un descanso antes de seguir adelante.

Las condiciones en que se desenvuelve este descanso o período de reflexión vendrá determinado por las características de la silla, que puede ser cómoda o incómoda y de un color o de otro.

Sol

El simbolismo del astro de la vida y del calor deriva de su movimiento en el cielo, en el que sale (nace), culmina, declina y se pone (muere).

Soñar con un *sol naciente* indica que surge una creciente felicidad o prosperidad, que serán máximas si el Sol *culmina* y luce esplendoroso; mientras que su ocaso advierte que se acerca el fin de la misma.

Y según al Sol, *claro* o *cubierto* de nubes, su pronóstico será mejor o peor.

soldados

Los sueños de soldados, excepto en el caso de guerra, cuyo simbolismo es distinto, nos informan de los recursos de que dispone el soñador para defenderse, tanto de sí mismo como de los demás, y de cómo nos integramos en la sociedad.

Si nos soñamos *armados y uniformados* y ello no nos desagrada, revela el deseo y la capacidad de aceptar las normas que la sociedad nos impone.

Si *nos desagrada* revela la coacción y el deseo de oponernos a unas leyes y costumbres que no aceptamos, algo que haremos a regañadientes si vamos desarmados.

Si queremos alistanos en el ejército y *no somos aceptados*, es que todavía no estamos preparados psicológicamente para acatar normas y responsabilidades.

Si *los vemos desfilar* armados y disciplinados, revelan la existencia de algún peligro para nuestra libertad de decisión.

soledad

Ante todo no debemos confundir soledad con aislamiento, que es algo físico, mientras que la soledad es psíquica.

Soñar que se está solo revela que a pesar de su familia y relaciones sociales, se siente solo, le falta amistad y comunica-

ción, y que depende de su modo de pensar y actuar el poner fin a su soledad.
Soñarse sólo y feliz en una playa o un prado es un sueño de *aislamiento*, que puede ser placentero revelando la necesidad de reflexionar tranquilamente; pero si en el sueño existe *angustia* es una advertencia para que no se aísle de los demás si no quiere terminar solo.

sombrero A pesar de la asociación de algunos psicoanalistas del sombrero con el órgano sexual masculino, lo que sólo es cierto cuando el contexto del sueño y del soñador lo indican claramente, el sombrero protege la cabeza y, por lo tanto, lo que contiene.
Soñarnos con un *hermoso sombrero* es un mensaje de equilibrio y seguridad mentales.
Si es *ridículo o pequeño*, es que también lo son nuestras ideas y opiniones y los demás se dan cuenta, con lo que hacemos el ridículo o el tonto.

soplar Soplar tanto revela el deseo de avivar un sentimiento o una pasión como querer apagarlos; depende del contexto del sueño.

sótano En sueños el sótano se refiere a lo más profundo y lóbrego de nuestro mundo interior. Por ello cómo soñemos al sótano no revelará mucho sobre nuestros miedos y angustias; sobre nuestras posibilidades y nuestras carencias.

Limpio y bien ordenado revela que también lo está nuestro mundo interior, y si además está *lleno de cosas útiles*, nuestras posibilidades de acción son inmejorables.

Sucio y desordenado nos invita a hacer limpieza de prejuicios, malas ideas y sentimientos, así como a mejorar nuestros conocimientos si queremos seguir adelante.

subir

Subir equivale a escalar un nivel superior al que gozamos, y según subamos, con facilidad o con dificultad, revelará el deseo o la premonición de cómo ascenderemos social, profesional o económicamente.

subterráneo

Los subterráneos que aparecen en los sueños son como los de las catacumbas romanas o de los castillos medievales; todo son sombras y miedos, por lo que es un sueño que revela estar pasando un período de pruebas, dificultades y temores, a menos que veamos su salida, con lo que puede renacer la esperanza.

taberna Hallarse en una taberna rodeados de gente advierte que estamos rodeados de amigos, pero que son inconstantes y pasajeros.

tambor Oír en sueños el redoble de un tambor nos advierte que un amigo lejano se halla en apuros.

tatuaje Un tatuaje revela una dependencia, por lo que cuando en sueños veamos un tatuaje debemos buscar el simbolismo de lo dibujado, que revelará de qué o quién depende quien lo lleva.

taxi El taxi es un *automóvil* que no conducimos, pero cuyo destino decidimos.

En sueños es el inicio de un cambio o una nueva etapa que comporta ciertas limitaciones y dependencias las cuales

asumimos libremente. Si lo vemos pero *no subimos*, es que dejamos perder la oportunidad del cambio.
Y si lo llamamos pero *no se detiene*, es que no estamos preparados para asumir nuevas responsabilidades.

teatro

Ver *espectáculos*.

tejado

El tejado nos preserva de los peligros que puedan llegar de arriba, pero también nos aísla de las influencias celestiales.
Cobijarse bajo un tejado puede poseer dos significados distintos según los sentimientos que el sueño despierte.
Si son *agradables*, el augurio es de protección y seguridad.
Si son desagradables o angustiosos, es que rechazamos las influencias espirituales que nos ayudarían a evolucionar.
Si el tejado está *agujereado* y no cubre, revela el peligro de hallarnos expuestos a cualquier peligro que pueda presentarse.

tejer

Tejer equivale a crear algo, por lo que *ver tejer* a alguien o *tejiendo nosotros* es un augurio de creatividad y prosperidad.
Si queremos tejer y *no podemos o se*

enmaraña el hilo, revela incapacidad creadora o esterilidad.

telaraña

La tela que teje la araña también revela la creatividad, pero para capturar y destruir, es decir, para el mal. Pero donde más abundan las telarañas es en los lugares deshabitados y sombríos.
Soñar que estamos *atrapados por una telaraña* revela angustia de una situación muy comprometida a la que no hallamos solución.
Soñar un lugar o un objeto *cubierto de telarañas* nos advierte que debemos olvidar lo que simboliza, si es que ya no lo hemos hecho.

teléfonos

El teléfono es un medio de comunicación, pero posee un cordón que simboliza una atadura, un lazo de unión con los demás.
Verlo, nos advierte que no nos desentendamos de los demás, que participemos más intensamente en las comunidad en que vivimos.
Si no logramos comunicar por haberse estropeado el teléfono, es que algo no marcha bien en nuestras capacidades comunicativas, ya sea por causas sentimentales o profesionales.
Si el teléfono comunica, nos invita a analizar qué es lo que nos impide co-

municarnos, si es un rechazo instintivo hacia quien queríamos llamar, o la búsqueda de soledad.

tempestad La tempestad es una muestra de la cólera divina; una prueba del destino, por lo que *soñarla* presagia una época llena de dificultades y cambios importantes, para bien o para mal según los fenómenos que la acompañen truenos, rayos, arco iris, etc.

Pero cuando la tempestad, por terrible que sea, *no despierta el menor temor*, nos advierte que abandonemos una vida banal y sin altitud de miras, para insertarnos plenamente en los problemas y tempestades de la vida social.

termitas Estos comedores de madera simbolizan la destrucción metódica y persistente, por lo que soñarlas revela la existencia contra nosotros de una labor destructora subterránea e implacable.

terremoto Como todas las catástrofes, el terremoto siempre implica un cambio brusco e inesperado en la vida, pero por su carácter subterráneo, atañe especialmente al psiquismo del soñador.

Soñarlo revela una desestabilización del ser y la conciencia, que tanto puede ser destructora como el inicio de una renovación total y positiva de la personalidad; sólo la situación real del soñador puede aclararla.

tesoro

Un tesoro siempre representa una riqueza escondida que tanto puede ser material como espiritual.

Si lo buscamos revela el deseo de alcanzar dicha riqueza, pero si la búsqueda se hace angustiosa, es la desesperación de no alcanzarla.

Si sólo contiene *joyas falsas y nimiedades*, nos indica que estamos perdiendo el tiempo en tonterías y banalidades en lugar de dedicarnos a cosas más útiles.

Si contiene *joyas y dinero* es el mejor presagio, pues indica que si buscamos en el fondo de nuestro psiquismo hallaremos el verdadero tesoro que bien dirigido nos permitirá conseguir la verdadera riqueza.

tierra

La madre tierra es el elemento sobre el que vivimos y del que vivimos; y *en sueños* augura seguridad, riqueza y fecundidad, siempre y cuando no aparezca *árida e incultivable*, en cuyo caso revela un agotamiento de las fuerzas físicas del soñador, pues su aspecto negativo es la materialidad, y cuando destruye, lo hace mediante el egoísmo y el apego a los bienes terrenales.

tigre

Cuando en sueños vemos un tigre es que nos hallamos enfrentados a los instintos más fieros y ciegos del mundo instintivo. Pero si el tigre está domado, es que hemos logrado dominar los impulsos desintegradotes de la personalidad.

Pero no olvidemos que un tigre, por domado que esté, siempre encierra un gran peligro potencial.

tijeras

El simbolismo de las tijeras es muy simple cortar, dividir algo.

Pero cortar tanto puede ser bueno como malo, depende de lo que se corte.

En sueños casi siempre aparece el lado negativo, y soñar unas tijeras pronostica discusiones y peleas, aún cuando a veces pueda reflejar una escisión interna del soñador, la necesidad de optar entre dos decisiones opuestas.

Si las empuñamos, calumnias y maledicencia, y *si nos caen* dolor y duelo.

timón

La función del timón es la de dirigir el rumbo de la nave; lo que en sueños equivale al rumbo de nuestra vida. Y lo que le ocurra al timón nos ocurrirá a nosotros, según lo manejemos con destreza, no seamos capaces de dominarlo o se nos rompa.

topo Cuando este roedor subterráneo aparece en nuestros sueños es una invitación a hurgar en lo profundo de nuestro mundo instintivo para lograr eliminar la angustia existencial que a veces nos domina.
Pero en personas evolucionadas también puede indicar que bajo una aparente miopía física existen indicios de clarividencia.

torbellino El torbellino simboliza el aspecto negativo de una evolución que se ha hecho incontrolable y puede llegar a destruirnos tanto en el terreno sentimental (la evolución incontrolada de un amor); material (una ambición extrema) o psíquica (que puede llegar a la locura).

torre No es más que una variante de *fortaleza*.

tórtola Simboliza la fidelidad y el afecto.

tortuga Simboliza la longevidad y la protección.

trébol Augura buena suerte.

tren Es un sueño similar al del autobús, pero con mayor complejidad, un mayor incremento del factor destino.

La locomotora tanto es la imagen de este destino que nos arrastra, como del Yo superior que dirige nuestra evolución.

La estación es el único punto en el cual todavía podemos decidir sobre nuestro destino, pues son varios los trenes que parten de la misma.

Y cuanto suceda en la estación será una premonición de los que nos espera, pues si el tren *sale o llega puntual* es que todo irá bien, y si *se retrasa o no llega* serán los obstáculos o la imposibilidad de iniciar un nuevo destino en la vida.

En cuanto al desarrollo del viaje y los accidentes que ocurran durante el mismo, nos informarán de los detalles.

tribunal

En sueños el tribunal es un reflejo de nuestra conciencia que nos juzga imparcialmente y nos absuelve o condena por las faltas cometidas o las que intentamos cometer. Por ello el análisis de los detalles nos aclarará sobre lo bueno o lo malo de nuestra conducta.

trigo

Como todas las semillas, el trigo simboliza la fertilidad y la riqueza, que será mayor o menor según la cantidad de trigo soñada.

trueno El trueno es la voz retumbante del cielo que anuncia las tempestades y perturbaciones que amenazan al psiquismo del soñador, por lo que aconseja un buen examen de conciencia para averiguar qué amenaza a nuestro psiquismo.

tumba Los sueños de tumbas son una variante de los de fosa, pero agravado, pues nos indica que nuestros deseos y esperanzas amenazan verse enterrados y aniquilados para siempre.

túnel El túnel implica una oscura travesía que debemos realizar sin conocer lo que nos espera en su interior, pero que nos es imprescindible para alcanzar la meta deseada.

Es un sueño que aparece en estados de angustia, inseguridad o espera de algo, material o espiritual, que deseamos y tememos a la vez, y que tanto puede ser un objetivo material como una iniciación espiritual.

turquesa Simboliza la victoria sobre sí mismo.

umbral

Toda puerta posee un umbral que hay que franquear; es el paso de un lugar a otro, de una dimensión a otra distinta, del final de una vida a otra nueva que se inicia.

En sueños, *cruzar el umbral para entrar* en un templo o casa es la esperanza de una nueva vida en la que aceptamos las normas y la protección del dueño y señor de la casa.

Cruzarlos para salir equivale al deseo de una mayor independencia, a pesar de los riesgos que deberán asumirse.

Si algo nos impide cruzarlo revela la existencia de problemas y recelos que nos impiden aceptar voluntariamente la nueva vida que intentamos iniciar.

A veces *nos vemos obligados a abandonar nuestras pertenencias* antes de entrar, lo que implica la necesidad de eliminar viejas ideas y sentimientos que constituyen un lastre.

uniforme Vestir un uniforme revela el deseo de someterse a la disciplina de un clan, organización o sociedad, que el uniforme definirá, pero, a la vez, el grado del mismo completará el mensaje del sueño.

Si el grado es *demasiado elevado y acompañado de medallas y distinciones*, el sueño revela un exceso de ambición o su objetivo es compensar un sentimiento de inferioridad que somos incapaces de superar nosotros solos.

urraca La urraca anuncia malas noticias relacionadas con robos, envidias y comadreos.

vacas Simbolizan la paciencia y la riqueza. Cuando las soñamos *gordas y lustrosas* anuncian riqueza y prosperidad. Flacas y depauperadas, pobreza y miseria.

vagabundo *Soñar que somos un vagabundo* revela el deseo o la necesidad de abandonar una situación o sentimiento para recuperar la libertad de acción; pero para la interpretación del sueño hay que tener en cuenta los sentimientos que lo acompañan.

Si son *de contento* conseguiremos felizmente nuestro objetivo. Si son *de pena*, tememos fracasar en el intento, y revelan el temor a un futuro incierto.

vampiro Soñar con vampiros es una advertencia de que a nuestro alrededor existe alguien que quiere aprovecharse de nosotros.

vejez

En sueños *los ancianos* simbolizan la sabiduría y la protección, a menos que los soñemos como *bruja o hechicero*, en cuyo caso se refiere a alguna persona vieja y malvada de nuestro entorno, o al fondo de maldad latente que todavía existe en nuestro interior.

Siempre que en sueños aparece una persona anciana es muy importante recordar cuanto nos dice, pues siempre contiene algún mensaje esclarecedor.

Si *nos soñamos viejos* cuando ya lo somos refleja que nos sentimos acabados y sin ganas de seguir viviendo.

vela

En sueños, la vela, el cirio y el candil se refieren a la vida individual, por lo que su luz refleja lo que le ocurrirá a nuestra vida.

Cuando su llama es *firme y luminosa,* es un buen presagio de salud y vitalidad. Cuando su llama es *débil y vacilante*, también lo es nuestra salud y vitalidad.

Si se *apaga* es que estamos al límite de nuestras posibilidades, por lo que debemos hacer un alto y recuperar fuerzas.

veleta Simboliza la inconstancia y variabilidad.

velo Soñar a alguien cubierto con un velo revela que algo tiene que ocultar, aún cuando no lo consiga por completo, dado lo tenue de su tejido.

venda Dos son los simbolismos de la venda, el del dolor y el de la ceguera, todo depende de lo vendado.

Si la venda está colocada *sobre los ojos*, revela que quien la lleva estará ciego ante lo que ocurre; que no quiere ver las cosas como son en realidad.

Si está *en otra parte* del cuerpo, es que alguien quiere beneficiarse de quien la lleva en aquello que simbolice dicha parte, aun cuando para ello deba causarle dolor.

ventana Una ventana puede adquirir las más diversas formas, desde el tragaluz al gran ventanal, pero sea cual sea su forma, su función siempre es la misma, deja pasar el aire y la luz, si bien a veces los vidrios pueden ser coloreados, matizando su mensaje con su color.

Si miramos a través de la ventana y el exterior es soleado y alegre, nos anuncia que nuestras esperanzas y deseos tienen muchas posibilidades de hacerse realidad.

Si lo único que se divisa es la oscuridad, es que el futuro es problemático. *Si no nos atrevemos a mirar* a través de la ventana, es una muestra de indecisión y miedo ante el futuro.
Si está abierta y *deja entrar el aire y la luz*, es que estamos abiertos a las influencias positivas del exterior.
Pero *si no entra ni luz ni aire*, y sólo oscuridad, es que nos encerramos en nosotros mismos sin querer aceptar las realidades de la vida.
Si entramos o salimos por la ventana, revela que hemos tomado un falso camino, que nuestra decisión ha sido errónea.

verano

El verano es la estación más brillante y cálida del año, por lo que los sueños cuya acción se realiza en verano siempre anuncian amor, amistad, riqueza y realización, e cinluso los peores presagios del resto del sueño quedan beneficiados y atenuados.

verde

El verde es la unión del azul del cielo y el amarillo del intelecto, y por ello el color de la esperanza, de la primavera y la vegetación; pero también de los frutos inmaduros.
En sueños, su significado casi siempre es benéfico y anuncia el resurgimiento

de un tiempo primaveral en la vida, es como la renovación del impulso y las energías juveniles. Sin embargo, algunas veces el pronóstico puede ser incierto, pues no sabemos si lo que está verde madurará o se perderá. Por ello, el contexto del sueño y los sentimientos que despierta, definirán su carácter benéfico o maléfico, pero cuando sólo despierta indiferencia o indecisión, indica que lo que deseamos conseguir todavía está lejos de hacerse realidad.

vestidos

Los sueños de vestidos son eminentemente sociales, pues a través del vestido puede conocerse la profesión y la condición social e incluso psíquica del soñador, aun cuando a veces lo que refleja es como desea que le veamos.

Cuando *nos sentimos a gusto* con el vestido que llevamos, nos asegura que nuestro lugar en la sociedad es el correcto.

Si *llevamos un traje que no nos pertenece*, revela el deseo de usurpar un lugar que no nos corresponde, o aparentar lo que no somos.

Si el traje está *mal diseñado, arrugado o roto*, revela que nuestras relaciones sociales son defectuosas.

Si es un traje *pasado de moda*, también lo será nuestra forma de comportarnos, por lo que vale la pena ponernos al día de las normas sociales y de convivencia.

víbora Es una variante del sueño de serpientes en el que domina lo más negativo del mismo, añadiéndole el temor a hallarnos en una situación comprometida, a graves peligros o traiciones que tanto pueden ser exteriores como proceder de nuestros instintos inferiores.

vid Más que la vid en sí, lo que suele aparecer en sueños es la uva, cuyo racimo simboliza la unión, por lo apiñado de sus granos, la fertilidad, por sus semillas, y el sacrificio, pues deben ser destruidos para elaborar el vino.

viento Cuando en sueños aparece el viento es que se acercan cambios importantes, pues el viento es símbolo de espíritu, de variabilidad, agitación, inconstancia y de una fuerza que cuando se desencadena es una de las mayores y más destructivas de la naturaleza.

En lo espiritual siempre anuncia cambios y una evolución interna que será tranquila si es una suave brisa, o una poderosa conmoción espiritual que tanto puede remover nuestro espíritu como destruirlo, si es un viento huracanado.

E igualmente *en lo material*, pero aplicado a los cambios económicos, profesionales y sentimentales.

vino

En todas las religiones el vino se ha considerado como la bebida de los dioses por la euforia e ingravidez que provoca.

Pero también es un símbolo de la riqueza conseguida gracias al conocimiento y un laborioso trabajo; sin embargo, encierra la advertencia de que la riqueza así conseguida no se nos suba a la cabeza y cause nuestra perdición.

vientre

En sueños, el vientre simboliza la parte más material de la personalidad, pues es donde se concentra el alimento, el sexo y los deseos de posesión.

Pero cuando el vientre soñado *no es el nuestro*, casi siempre es la añoranza del vientre materno, una necesidad de amor y protección que cuando se exagera se convierte en falta de madurez, en una regresión a la infancia.

violeta

La flor de la violeta simboliza la modestia.

El color violeta es el color del misterio, la transformación, la trascendencia, la sumisión y la obediencia.

volar

Soñar que nos elevamos en el aire, que volamos ingrávidamente, revela el deseo de huir de los problemas y dificultades de la vida diaria, lo que es una forma de compensación a nuestra imposibilidad de hacerlo.
El peligro es que aparezca la angustia y se convierta en un sueño de *caída*.
Pero cuando no existen problemas en la vida real, puede revelar el deseo de elevarnos a un estado superior de conciencia.

volcán

El volcán simboliza las pasiones reprimidas que llegan a estallar violentamente, pudiendo llegar a destruirlo todo.

yunque

Soñar con un yunque nos advierte que hemos adoptado una actitud pasiva y nos limitamos a recibir los golpes del destino sin hacer nada para evitarlo, por lo que debemos reaccionar y luchar para recuperar la iniciativa y ser alguien en la vida.

yunta

Aún cuando soñar con una yunta de bueyes cada vez es más raro, cuando esto acontece es una advertencia de que el método, el orden y la constancia en el trabajo deben ser asumidos voluntariamente, y no por la fuerza de las circunstancias.

zafiro Por su limpidez y color, el zafiro es la piedra celestial por excelencia, simbolizando aquella pureza que sólo puede manar del cielo. Pero cuando al verlo sentimos cierta inquietud, nos advierte de que no por querer alcanzar el cielo abandonamos las esperanzas y deseos de prosperidad terrenal.

zapatos Los zapatos son al pie lo que el sombrero a la cabeza y el traje al cuerpo una protección y una demostración de autoridad social, que en el zapato también lo es de propiedad sobre aquello que pisa.

En sueños revelan el deseo de posesión y dominio, especialmente si se trata de una *botas*, que añaden un matiz de fuerza y brutalidad.

Si nos sientan bien es una garantía de

libertad y de que nada nos impide marchar adelante.

Si resultan *demasiado pequeños* es que nuestra libertad se ve condicionada y todavía no sabemos hacer un buen uso de la misma.

Si *no se corresponden* con el resto de la vestimenta es que estamos haciendo un mal uso de nuestras posibilidades.

Si nos vemos *descalzos*, es muy posible que nos veamos forzados a aceptar condiciones de subordinación y limitación de nuestra libertad.

zarzamora

Por su sabor agridulce y procedencia silvestre, la zarzamora anuncia placeres que encierran el peligro de que nos quedemos atrapados entre las espinas del zarzal, o si nos libramos, de que no será sin dolorosos arañazos.

zorra

Independiente pero esquiva, activa y destructora, audaz, pero temerosa, inquieta engañosa y desenvuelta, la zorra encarna las contradicciones inherentes a la naturaleza humana.

En sueños, una zorra nos advierte del peligro de ser víctimas de algún engaño, de algún hurto; a menos que el conjunto del sueño nos haga comprender que las citadas contradicciones forman parte de nuestra personalidad.

ÍNDICE

CIENCIA OCULTA

Una obra global y diferente sobre la interpretación de los sueños y su poder simbólico.

Una obra diferente que incluye un diccionario de la interpretación de los sueños y un apartado donde se trata la simbología según grupos temáticos: amor, familia, dinero, estudios, trabajo, etc. Este libro le ayudará a descifrar todos los secretos y misterios que se ocultan en los rincones más remotos del indescifrable y enigmático mundo onírico y a interpretar los crípticos mensajes que nos envía de manera velada nuestro subconsciente durante el sueño.

- ❑ ¿Qué significa soñar con que se nos caen los dientes?
- ❑ ¿Cómo debo interpretar el soñar con abejas?
- ❑ ¿Qué significado tiene volar en sueños?

Ilustrado

ISBN: 84-7927-398-4

enise Linn, autora de grandes éxitos como *eng shui para el alma* y *Hogar sano*, nos 'rece ahora una de las obras más importan-s y relevantes sobre los sueños. Lo que ha-e único a este libro es su visión integradora e los aspectos psicoespirituales y místicos e los sueños. En esta obra, nos muestra ómo acceder a esta fuente gratuita de poder terior, sabiduría y orientación espiritual.

- Cómo se incuban los sueños y cómo prepararse para retenerlos.
- Los sueños lúcidos y las visiones.
- Cómo interpretar los símbolos y los significados de los sueños.
- Cómo aprovechar su poder para transformar nuestra vida o para sanarnos a nosotros mismos y a otras personas.

;BN: 84-7927-600-2

Jn libro que revela la mecánica, ı tipología y la simbología e los sueños.

CIENCIA OCULTA

CIENCIA OCULTA
Guías fáciles

Descubre todo el poder adivinatorio de la baraja española y aprende a consultar

CIENCIA OCULTA - GUIA FACIL

Olga Roig

El arte de echar las cartas

BARAJA ESPAÑOLA

Nueva guía completa para aprender a tirar e interpretar las cartas de la baraja española, con todos los métodos y significados adivinatorios

Hermética

Las cartas de la baraja española hablan sobr nuestro presente, pasado y futuro en todos lo ámbitos de nuestra vida: el amor, la salud, dinero, el trabajo, etc. Este libro penetra en carga simbólica de estos naipes y desvel todos sus secretos. Además, incluye una gu completa de tiradas para practicar y profundiz en el mágico mundo de la cartomancia.

- ❑ Qué elementos y signos astrológicos s corresponden con cada palo de la baraja.
- ❑ Con qué cartas se vinculan sentimient como el amor, los celos, la generosidad o envidia.
- ❑ Aprende a manipular tu energía para le correctamente las tiradas.
- ❑ Qué preguntar a las cartas para extraer información que interesa.

ISBN: 84-7927-502-2

Desde la Antigüedad, el hombre ha intentado penetrar en el oscuro mundo de los oráculos para poder predecir los acontecimientos de su vida. Este libro nos introduce en el enigmático y apasionante mundo del arte de tirar y leer las cartas del tarot. Descubra el significado de cada arcano y aprenda los distintos métodos de consulta que le ayudarán a descifrar las claves de su futuro.

- ❑ ¿Qué lectura tiene la carta de la Estrella?
- ❑ ¿Qué significado tiene un arcano boca abajo?

Ilustrado

ISBN: 84-7927-410-7

Conozca a fondo las diferentes maneras de tirar las cartas e interpretar el tarot.

CIENCIA OCULTA
Guías fáciles

IENCIA OCULTA

El libro más completo sobre el Tarot, una obra excepcional, distinta a todo lo publicado.

Emilio Salas
autor del bestseller
EL GRAN LIBRO DE LOS SUEÑOS
EL GRAN LIBRO DEL
TAROT
Una obra excepcional
distinta a
todo lo publicado
Ciencia Oculta
Hermética

A principios del siglo XIII y aniquilados los cátaros, sólo dos gnosis revestían verdadera importancia: el hermetismo y la cábala. En este contexto apareció el Tarot como gnosis gráfica que realiza la simbiosis de las anteriores formulando, a través de sus símbolos, un cuerpo doctrinal que encierra el saber oculto de la Antigüedad. Emilio Salas ha dedicado cuatro años de investigación para escribir esta obra en la que se desarrollan:

- ❑ Los orígenes del Tarot: su evolución, sus pioneros y sus continuadores.
- ❑ La cábala, el alfabeto hebreo, los veintidós senderos, la numerología y la astrología.

ISBN: 84-7927-081-0

ɔs últimos descubrimientos realizados por studiosos de la civilización egipcia han velado el enigmático poder de las pirámies que, lejos de ser un simple monumento nerario, constituyen el epicentro de numesas energías cósmicas que se unen a las erzas telúricas de nuestro planeta. escubra cómo crear su propia pirámide en ı espacio reducido para beneficiarse de su ente de energía.

- Las técnicas más efectivas para crear su propia pirámide.
- Cómo sacar todo el partido posible de la energía de las pirámides.

ıstrado
SBN: 84-7927-432-8

Jna guía práctica esencial sobre el misterioso poder le las pirámides.

CIENCIA OCULTA
Guías fáciles

CIENCIA OCULTA
Guías fáciles

Descubra todo el poder y el simbolismo de las oraciones y plegarias.

Desde tiempos remotos, la humanidad entonado plegarias a sus dioses para pe protección, ayuda o consuelo. Este libro un testimonio de las principales modalidac de entrar en contacto con las distintas div dades de las religiones que cohabitan en mundo. En sus páginas encontraremos fuerza, la fe y la poesía que emergen interior de cada rezo y que nos ayudarár vencer los obstáculos que vayan surgiendo lo largo del camino.

- ❑ Qué diferencia a cada pueblo a la hora de invocar a la divinidad.
- ❑ Las influencias entre las plegarias tradicionales en Oriente y Occidente.

ISBN: 84-7927-409-3

Este libro nos introduce en el mundo de la hechicería positiva desde una nueva óptica, relativizando la terminología más arcana (aunque respetándola) para dar paso a una descripción más mental y psicológica, más vibracional y energética que nos permita entender qué nos ocurre y qué queremos cambiar de nuestras vidas en cada momento.

- ❑ Breviario de antiguas recetas para hechizos.
- ❑ Cómo reconocer los síntomas del hechizado.
- ❑ Técnicas para el desarrollo psíquico aplicadas a la hechicería.
- ❑ Cómo actuar contra los hechizos maléficos y los anudamientos.
- ❑ Hechizos para mejorar la vida amorosa y sexual.

ISBN: 84-7927-473-5

Una guía de iniciación en la hechicería positiva y sus ritos para comenzar a practicarla.

CIENCIA OCULTA
Guías fáciles

CIENCIA OCULTA
Guías fáciles

Una guía para iniciarse en la magia y comenzar a practicarla.

Una obra que nos introduce en el apasionante y enigmático mundo de la magia, de sus ceremonias, hechizos y conjuros, tan remotos como la misma humanidad. Descubra los orígenes del arte de la magia, conozca sus diferentes vertientes y aplicaciones, y aprenda a realizar misteriosos rituales que le ayudarán a vencer los obstáculos que se le presenten tanto en el terreno laboral como en el amoroso o el familiar.

- ❑ Todos los talismanes y hechizos que pueden realizarse con espejos.
- ❑ Los conjuros con velas de la tradición mágica.

ISBN: 84-7927-433-6

Con este libro aprenderás cómo se realizan rituales del amor, y también a fabricar perfumes que enamoren o a descubrir el poder hechizante de la ropa que usas en la seducción; pero, sobre todo, este libro te enseñará a hacer que tu actitud desprenda la energía necesaria para conseguir tus objetivos amorosos.

- ❑ Todas las técnicas mágicas de atracción que nos harán ser más interesantes a los ojos de nuestras conquistas.
- ❑ Rituales y hechizos para potenciar la relación con la pareja y evitar las crisis amorosas.
- ❑ Técnicas para potenciar los efluvios mágicos personales.
- ❑ Talismanes para potenciar el deseo y el vigor sexual.
- ❑ Recetas mágicas para seducir, excitar e incitar.

ISBN: 84-7927-526-X

Todos los ritos, ceremonias, hechizos y ejercicios mágicos para el amor, el sexo y la seducción.

CIENCIA OCULTA
Guías fáciles

CIENCIA OCULTA

Una guía completa para conocer la ciencia astrológica e interpretar cartas astrales con la ayuda de un programa en CD-ROM.

A través de este libro, el lector interesadc la ancestral ciencia predictiva que es la as logía podrá comprender su significado, evolución y, por supuesto, su aplicación p tica. Como complemento la obra se acom ña de un programa interactivo en CD-R para realizar fácilmente el cálculo de ca astrales a través del ordenador.

- ❑Qué es y cómo funciona la astrología.
- ❑Historia evolutiva de procesos de cálcu
- ❑Cuáles son las aplicaciones reales del e dio astrológico.
- ❑Análisis de los signos del zodíaco.
- ❑Los planetas, las casas, los tránsitos.
- ❑Cartas astrales de personajes relevante

ISBN 84-7927-567-7

Vivimos rodeados de energías que no siempre nos favorecen. En ocasiones, situaciones cotidianas cobran un sentido mágico y enigmático debido a la acción de fuerzas ocultas que atentan contra nuestra estabilidad psíquica y emocional. Cassandra Eason explica de forma pertinente y práctica cómo aprovechar las energías positivas de nuestro entorno para conseguir una mejora en la vida diaria.

- ❑Cómo protegernos mediante la energía angélica, los amuletos y los talismanes.
- ❑Todas las hierbas, infusiones y preparados protectores contra los ataques psíquicos.
- ❑Como utilizar las propiedades protectoras de los cristales y metales.
- ❑Cómo usar la magia natural para convertir lo negativo en positivo.

ISBN 84-7927-543-X

Guía básica de ejercicios y técnicas para protegerse y evitar ataques psíquicos.

CIENCIA OCULT